理想团队第一课

王二乐 乔锐
华莉 付玲娜 著

北京联合出版公司
Beijing United Publishing Co.,Ltd.

图书在版编目（CIP）数据

理想团队第一课 / 王二乐等著 . -- 北京：北京联合出版公司, 2021.6
　　ISBN 978-7-5596-5166-2

　　Ⅰ . ①理… Ⅱ . ①王… Ⅲ . ①团队管理 Ⅳ . ① C936

　　中国版本图书馆 CIP 数据核字（2021）第 055634 号

理想团队第一课

作　　者：王二乐　乔　锐　华　莉　付玲娜
出 品 人：赵红仕
选题策划：北京时代光华图书有限公司
责任编辑：徐　樟
特约编辑：高志红
封面设计：新艺书文化

北京联合出版公司出版
（北京市西城区德外大街83号楼9层　　100088）
北京时代光华图书有限公司发行
北京晨旭印刷厂印刷　　新华书店经销
字数171千字　　787毫米×1092毫米　　1/16　　14.25印张
2021年6月第1版　　2021年6月第1次印刷
ISBN　978-7-5596-5166-2
定价：68.00元

版权所有，侵权必究
未经许可，不得以任何方式复制或抄袭本书部分或全部内容
本书若有质量问题，请与本社图书销售中心联系调换。电话：010-82894445

推荐语

创业越久,越能体会到团队的重要性。没有成功的团队,就不可能有成功的事业。花在打造成功团队上的功夫产生的效能,远超过花同样功夫在事情本身产生的效能。成功的团队是有灵魂的有机生命体,打造团队不是乐高的机械拼装,而是生命的孕育培养。本书的几位作者在我们公司的团队打造中多次担任了教练的重要角色,对我们团队成长起到了不可替代的作用。如今他们从大量实践中总结提炼了培育团队成长的三个关键主题和完整阶段周期,对像我们一样意识到团队重要性,又苦于团队打造的复杂性和高难度的创业者来说,这是一本雪中送炭的理想教材。

优锘科技联合创始人兼 CEO
陈傲寒

ONE TEAM ONE DREAM!每个团队都会有类似的团队口号,但是要做到这样何其难矣!"理想团队是进化出来的!"这句话我深有同感!回溯光环国际 20 年——在初创阶段团队走过这样的进化旅程,后来企业发展壮大了,新项目团队也同样必须经历这样的成长过程!本书具有实战性和广谱适应性,值得每个团队领导者细细品读!

光环国际董事长兼总裁
张泽辉

"人在一起叫聚会，心在一起是团队"。我和作者团队一起工作了十余年，见证了本书作者们如何以理论为基础，并以实际的行动建立和激励团队，最终成功地将"聚会"进化到"团队"，并打造出一支高效的队伍。这是一本理论与实务兼具的好书，值得与大家分享。

BSI 中国区前董事总经理

高毅民

在数字化转型的浪潮中，金融科技的飞速发展对银行业科技团队提出了增容、增速、增效的高要求，急需大量具备领导力的团队负责人，这本书"以实用方法和工具为导向"，极具实践性，可以帮助科技团队快速构建执行力高、凝聚力高、适应力高的"理想团队"。

交通银行软件开发中心副总经理

孙莉

作为组织内专业团队的负责人，在这个不断变化的 VUCA 时代，如何与团队小伙伴们一起学习成长，通过团结协作，团队共赢，帮助企业实现基业长青，是我们每天都要思考的问题和面临的挑战。几位作者长期的陪伴教练，能帮助我们更加客观地审视自己，厘清思路，不断成长，相信这本新书对你也会有所启发。

新东方教育科技集团审计监察部总经理

张小迅

无论是专业性比较强的医疗健康行业，还是同理心要求高的公益性组织，其共性的团队虚拟化和临时自组织的鲜明特征背后是大家有一个为之共同奋斗的愿景目标。书中如何讲好一个团队愿景故事的内容非常值得借鉴。

中欧校友医疗健康协会理事兼常务副会长
上海创奇健康发展研究院副院长
罗念慈

从 EMBA 到 MBA 的学员反馈来看，创业型组织的成功有两个因素至关重要：一个就是捕获机会的能力，即时机的把握；另外一个就是能不能把好的想法变成现实，即这个团队的执行力。本书可以帮助那些创业型团队少走一些弯路，少交一些学费！

山东产研博正管理学院执行院长
清华大学经济管理学院教授
陈晋蓉

组织进化的历程就是在彰显个体与团队协作中螺旋前进，领导力发展的主题从广义上看也包含了两种视角——个体的领导力修炼，组织的发展与变革。

本书整合了团队发展的理论模型，基于独创的"团队目标、成员适配、应用场景"逻辑架构循序展开，为团队领导者提供了全面的俯瞰视角。本书内容理论功底深厚、案例翔实，可读性极佳，是探索打造一支理想团队的学习宝典。

智学明德 Z 学堂创始人
畅销书《高绩效教练》译者
佛影

项目团队是 VUCA 时代企业业务管理中的"突击队"，从任务着手实现一个既定的目标。这本书让我眼前一亮的是关注项目团队中的个体、人与人、人与事的问题,以及在整个项目团队中如何通过人员的合理分工、协同,以及共同责任的建立,达成最终的业务目标。

贝尔宾大中华区官方代表及首席顾问

蔺红云

用罗盘,不迷路。打造团队不仅需要心法,更需要技法。不仅需要理念,更需要行动!这本书不仅凝聚了几位作者多年实战的经验与总结——理想团队进化罗盘,更融会了中西方团队打造的智慧与文化。推荐给所有希望拥有一支高凝聚力理想团队的领导者!

组织健康与领导团队打造专家

《示人以真:健康组织这样开展业务》译者

刘向东

"38℃冲突是种理想的团队冲突状态"——这是本书中非常有意思的一个观点。确实,绝大部分有过高效团队体验的人都能认同这一点。

首席组织官创始人

龙湖集团原执行董事兼首席人力资源官

房晟陶

理想团队第一课
序/PREFACE

理想团队是进化出来的

这本书的写作团队由四位生于不同年代，有着不一样的人生阅历、不同行业工作经历和不同团队管理经验的作者组成。在开始讨论策划这本书的时候，我们彼此之间甚至还没有那么了解。对团队价值的认可和对理想团队的追求，促使我们走到一起，共同完成这个"使命召唤"项目。这也是一个典型的目标聚焦、成员协作的团队。

这篇序写在全书的封笔时刻，关于如何写，写作团队几经反复，最终当我们回归写作本书初心的时候，决定为大家讲述两个故事。不仅因为这两个故事来自我们这个写作团队中最年长的王二乐老师（年长的人阅历更丰富，更加有故事）的亲身经历，还因为我们在亲耳听到这两个故事时的深切触动，更因为这两个故事传递的主题——"我们每个人几乎无时无刻不处在一个团队中！"

故事一：高考家庭

给我留下最深印象的是我的孩子读高三那一年，忙碌各自事务的自由成员组成了一个聚焦高考目标的高度协作团队。团队成员是孩子、太太和我，还有孩子的老师们。

高三的第一个假期（寒假），几乎从未参加过孩子家长会的我被班主任单独留了下来。孩子的情况比我想象的糟糕不少：语文期末考试成绩全班倒数第二，对数学难题心存畏惧，文综中的史、地、政三科分数波动巨大，本该最有优势的英语由于作文的影响也不能保证理想的分数。

老师讲完之后，我的职业本能被激发了，当时就用自己比较习惯的临时性项目思维做了一个盘点。如果把高考任务当成一个项目来思考，那么项目团队的核心成员：孩子、家长、六位任课老师特别是班主任，他们共同的交集目标是什么？各自的特点是什么？如何最大化发挥每个成员的优势？

经历过高考的人都知道，高三全年，特别是最后一学期的冲刺学习和连续数次的模拟考试，对学生的身体和心理都是不小的考验。这个最重要的基础问题留给了孩子妈妈操心，除了细心的饮食起居安排外，相对擅长数学的孩子妈妈开始自己刷题，以期帮助孩子解决一些难题，更重要的是通过这些行动帮助孩子消除畏难心理，增强他的信心。

而我就成了和六位单科老师，特别是班主任面对面沟通的主角。通过和老师们几次一对一的沟通，我基本上了解了各任课老师的特点及他们的关注点。沟通中我也把孩子的一些个性特点特别是潜能优势及时传达给了老师。

这个过程最大的收益就是老师和孩子一次次短时间的一对一辅导答疑，快速切中要害，特别是老师有针对性的鼓励增强了孩子对各科学习的信心、动力和兴趣。

高考前的最后一次家长会，我作为家长代表做了一个总结发言：首先，要基于孩子、家庭其他成员的个性特点，充分善用各科老师的优势，把正常发挥可以达到的各科分数这个总目标按时间分解成一个一个阶段性、可衡量的具体目标；然后，通过后续的各种考试测验不断验证，因时而变，把孩子、其他家庭成员和各科老师的特点与各阶段具体的任务最优化动态适配起来；最后，还是要回归到每个人的差异性上，即因人而异，通过人尽其才、物尽其用，实现家长、孩子和老师们共识的分数最大化目标。

孩子最后的高考结果是名副其实的皆大欢喜，五科成绩都超过了当初预期的正常发挥水平的分数目标。

故事二：创业团队

让我终生难忘的团队就是自己第一次创业时的团队。当时，几个志同道合的资深专业人士在一个比较理想的时间窗口，走到一起合伙创业。那个时候团队的目标特别明确，就是活下来。其间每个核心成员基本都是人尽其才、全力以赴。大家有分工，但这种分工完全是为了团队整体目标的实现，即活下来。

前三年的业务蒸蒸日上，但是随着业务的扩张、公司规模的扩大、员工的增加，创业团队成员对下一步的团队目标有了不同的理解，这也意味着团队不再聚焦。团队成员似乎更看重自己分工负责的领域。当时大家的分工角色都基于个人显性的专业擅长，基本上不考虑每个人背后隐性的天性特长，更忽略了这些人在一起时本该有的合力效应，即团队角色如何组合制胜。

这些团队成员除了具备较强的专业能力，还基本上达到了理想团队成员的三项品质标准：谦卑、渴求和聪慧。而当时公司的业务也处在上升阶段，那为什么团队没有一起走得更远更高？或者通俗来说，为什么一把好牌没有打出该有的高分？通过复盘，我们发现，最大的教训就是没有遵守"解决问题"这一基本原则:"先解决团队问题,再解决问题本身"。事实上,我们正好弄反了。

那能不能少走一些弯路,少体验一些沉痛教训,特别是对新的团队领导者来说?

这正是本书写作团队的良苦用心。我们希望这本书承载的内容能成为读者朋友开启理想团队进化之路的第一课,因此我们最终将本书定名为《理想团队第一课》。同时与本书配套的还有同名的版权培训课程。我们期望《理想团队第一课》能成为读者朋友的一门必修课,我们更期望读者朋友能够借本书之力使自己的团队成为各自领域中的第一。

由于团队类型的多样性和团队场景的个性化,我们选择了对一个真正团队具有最核心影响力的团队目标(以终为始)、成员适配(人尽其才)和应用场景(因地制宜)三个主题,围绕团队生命周期(创建、执行和结束)这条主线,通过步步为营的阶段性里程碑管理,加速团队循环往复的演化和创变,使其最终成为高效能的理想团队,实现团队共赢的目标。

全书共分七章。

第一章介绍了理想团队的进化罗盘模型:团队生命周期三个阶段和三个核心主题及其关系。

第二章阐述了创建团队初始准备阶段的团队目标、成员适配和应用场景三个主题的具体落实。

第三章到第五章围绕团队任务执行阶段,分别讲述执行前期、中期和后期如何完成团队有效分工、高效合作,最终聚焦团队共赢的理想团队进化转变过程。

第六章覆盖了团队结束阶段的复盘、反省、认可和告别等内容。

第七章介绍了新涌现的团队教练角色的现状、修炼，及其在实践场景中如何发挥价值等。

本书是团队努力的结果。全书从酝酿到成书历时两年，作为团队领导者、讲师顾问和教练多种角色，四位作者在这期间做了大量团队访谈、案例收集和各自真实团队的复盘工作。

全书创作过程也是按照临时性的项目团队组织的。写作的实操过程中我们有意识阶段性地验证团队目标聚焦、创作成员的动态适配和契合创作场景这三个主题。由于团队方面主题本身的广泛性、个体差异性及场景实践性特点，我们弱化了个人权威，实践了由作者自己选题、两人结对写作的自组织模式进行敏捷交付。关于书稿主要部分，作者团队的全部沟通是通过线上方式进行的。写作团队成员对共同目标的认同和彼此之间逐渐形成的示人以真的信任氛围（场景），使全书的创作充分发挥了个人特点及善用团队组合的优势。这使得最初写作团队最担心的沟通协调、效果效率和书稿全文的一致性问题并没有那么突出，而且我们还有一个意外收获：如果团队成员中有一半是女性，可能是一个比较理想的组合。

本书中我们特别增加了"团队教练"一章，就是希望那些新的团队领导者、负责极具挑战的项目的团队领导者及特别希望突破自己瓶颈的团队负责人，能找到团队方面的教练资源，避开创业团队遇到的那些坑。为此，我们在本书立项之初，还特别邀请了一位资深的专业团队教练，其从书名选择、内容取舍、读者体验和实践案例指导等多个方面给予我们指导，做出了贡献。

这也是我们践行团队教练的一次真实体验。

理想团队第一课

目录 /CONTENTS

01

打造理想团队，用罗盘，不迷路

理想团队进化罗盘的构成　　/008

共识团队目标，由团体变成团队　　/011
  1. 用愿景让目标可视（vision）　　/012
  2. 用阶段拆解目标（objectives and key results）　　/012

适配团队成员，达到 1+1>2 的效果　　/013

契合应用场景，找到团队进化发力点　　/015
  1. 团队类型　　/016
  2. 团队规模　　/018
  3. 团队文化　　/021

02

准备，团队创建

团队目标：共启愿景，共识目标，聚焦阶段目标 /030

    1. 善用"魂骨肉色"模式，讲好愿景故事 /030

    2. 迭代共创，愿景故事才更有感染力 /036

    3. 用结果规划轮共识团队目标 /039

成员适配：选对人，识别和优选理想的团队成员 /041

    1. 谦卑：不能容忍傲慢自大 /044

    2. 渴求：努力工作并对工作充满热情 /045

    3. 聪慧：能够感知周围的人并且用积极正向、实际有用的方式影响他人 /046

应用场景：制定游戏规则，激发 38℃冲突 /048

    1. 敢于亮剑，直面冲突 /049

    2. 善用三策，掌控冲突 /058

03

任务执行前期,团队分工

团队目标:向前一步,快速实现第一个小目标　/068

成员适配:用对人,本色出演最优先　/070

    1. 与生俱来的天性　/071

    2. 适配加速成效　/079

    3. 刻意修炼 4D 全能领导力,打造 4D 全能团队　/086

应用场景:会议开得好,团队少烦恼　/095

    1. 团队会议为何开不好　/096

    2. 团队会议的类型　/097

    3. 团队战术会议六步法　/099

    4. 团队战术会议六步法在团队实践中遇到的挑战　/102

04

任务执行中期，团队合作

团队目标：步步为营，把控好关键里程碑 /108

    1. 把任务周期划分管理阶段，设置阶段性里程碑目标 /108

    2. 团队公开承诺中期目标，赢得中场战事 /109

    3. 发挥呃-哦效应，强化团队目标紧迫感 /109

成员适配：组合人，激发出团队的最大潜力 /111

    1. 贝尔宾团队角色：高效团队的 3C 模型 /112

    2. 贝尔宾团队角色：三种类型九个角色 /113

    3. 贝尔宾团队角色理论如何帮助团队 /117

应用场景：团结一切能团结的人，争取到利益相关方的最大投入 /127

    1. 用愿景联结相关方致力于共同的未来 /128

    2. 清醒认识利益相关方的权威和关注点 /129

05

任务执行后期，团队共赢

团队目标：从步步为营到步步为赢，打造峰值体验 /136

成员适配：相信人，放手团队自组织 /138
1. 团队自组织也是一种组织 /138
2. 团队自组织的准则 /139

应用场景：七招玩转团队授权 /145
1. 团队授权的七个级别 /145
2. 团队授权的三个准则 /147

06

结束，团队复盘

团队复盘：反思过去，行动于当下 /152
1. 避免基本归因错误 /153

2. 使用理想团队复盘清单　/154

告别，团队需要仪式感　/158
    1. 传递认可与感激　/158
    2. 将艰难与繁华铭记于心　/159

理想团队复盘清单使用案例　/160

07

团队教练：撬动团队进化的支点

教练的价值　/170

团队领导者的四种转型　/174

团队领导者的三项心智模式修炼　/176
    1. 修炼一：视人为人　/176
    2. 修炼二：示人以真　/179
    3. 修炼三：好奇而不是批评　/180

走近团队教练　　/184

    1. 团队教练的 5C 模型及五大核心关注　　/185

    2. 躬身入境，教练进入团队场景　　/190

后记　不是个体适应团队，而是团队适应个体　　/194

附录　理想团队的孵化器——"传奇动物园"团建体验沙盘　　/198

参考文献　　/202

01

打造理想团队，用罗盘，不迷路

> 团队协作不是美德，而是一种选择，是一种为了实现更高目标的战略选择，更是团队领导者必需的技能！
>
> ——圆桌咨询公司创始人
> 帕特里克·兰西奥尼

团队由一群角色明确且互相依赖的人员组成，他们为产生某些结果（产品、服务或决定）而共同担责。他们之所以能成为团队，是因为，首先，成员有一个共同的目标；其次，成员之间需要互相配合。

团队发展并不是一个简单的线性过程，作为一名团队领导者或者团队教练，你很难一帆风顺地度过每个发展阶段。这意味着团队领导者可以基于团队发展的实际进展状态，尝试通过干预手段来推动团队发展。因为每个阶段所面对的挑战不同，团队领导者在团队任务属性和社交属性方面的发力点也会不同，这会导致其在关注团队成员、团队整体、团队情境的方式方法上也有差异。

这注定是一个动态的过程，团队可能会在过程中出现倒退或者循环往复。因此，理想的团队需要创变，通过创造点点滴滴的改变，让团队无限接近理想状态。本书中的理想团队进化罗盘模型由团队生命周期的三个阶段及三个主题构成，其意义是让我们意识到每个团队的发展都必然经历准备、执行和结束这三个阶段，每个阶段都要特别关注目标共识这个灵魂、成员适配这个抓手、场景契合这个基础。

这里特别强调的是，本模型的各模块可以在不同阶段单独使用，也可以组合使用。触发条件可以是团队领导者接受新的团队任务，也可以是在实际工作中遇到了具体挑战问题或障碍，还可以按照时间计划主动地尝试使用。

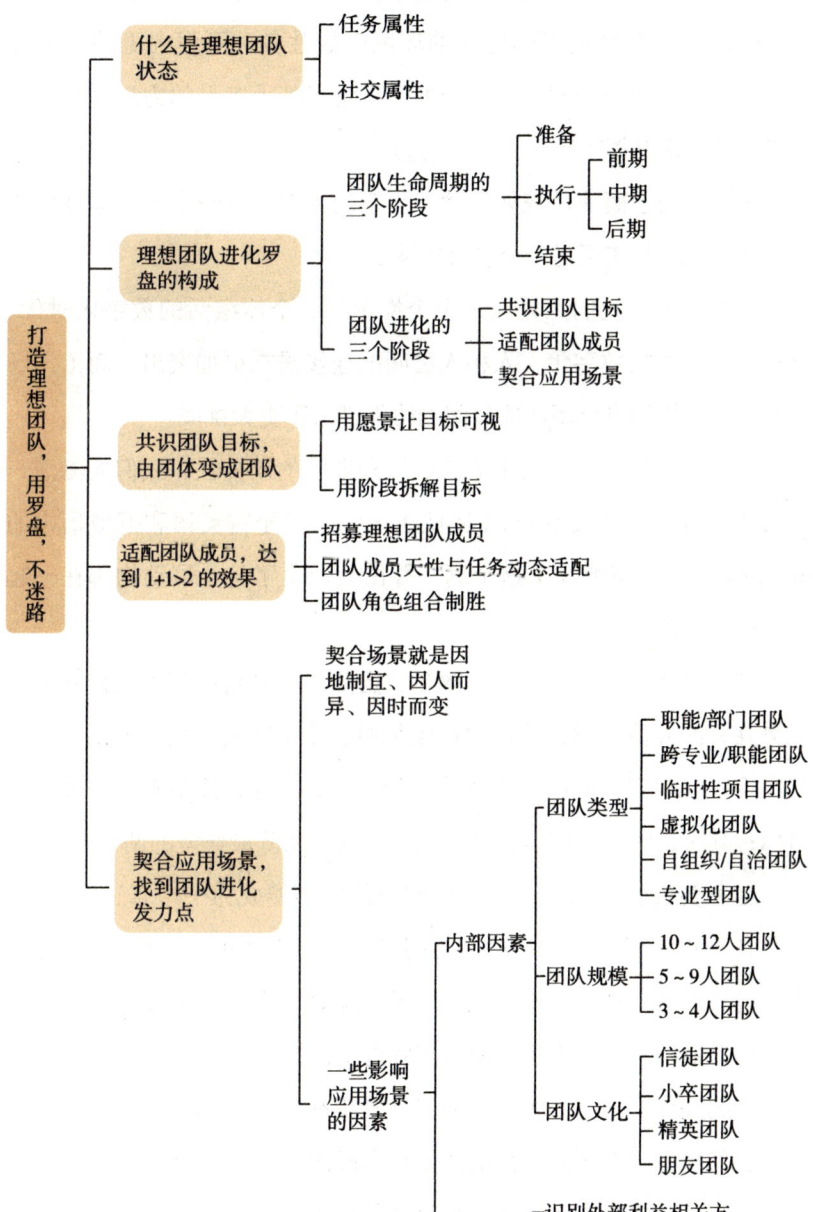

翻开《人类简史：从动物到上帝》这本畅销书，我们会发现，智人之所以能够在高度不确定性的环境中战胜各种更强大更凶猛的物种，是因为有两种关键力量：一种是学会了善用工具的力量，而另一种就是最大化发挥了团队协作的潜力。

同样，处于商业环境如此动态复杂的今天，靠一个超人单打独斗已无胜算，这其实更是一个决胜团队的时代。

众所周知，我们正处在一个个性彰显、个体激活的数字化时代。随着工作场所的数字化，人和人之间的连接需求更加突出。而工作场景的虚拟化趋势也给团队成员间的协作带来了更大挑战。

由于"团队"一词使用的广泛性和理解的差异性，我们先澄清一下团队的含义。英文team（团队）一词来源于古英语和挪威语中的bridle（缰绳、束缚物）这个词，并由此产生了将一群动物绑在一起拉犁耕地的含义。

对"团队"比较公认的理解是：**团队**由一群角色明确且相互依赖优势互补的人员组成，他们为产生某些结果（产品、服务或决定）而共同担责。他们之所以成为团队，是因为，首先，成员有一个共同的目标；其次，成员之间需要互相配合。这是团队最典型的两个特征。

这里要特别注意，一起工作的群体并不能成为一个真正的团队。在具备真正的团队特征之前，他们只是一个工作组或团体（group）。也就是说，有效的工作组有时可能比无效的团队更有效率，但在各自的最佳有效状态下，真正的团队将胜过工作组。

那到底什么是一个团队的最佳有效状态，即理想团队状态？

我们先看一下团队运行的两个基本属性：

（1）任务属性，即团队需要完成的任务。

（2）社交属性，即影响团队成员作为一个组织单元如何一起工作的社交因素，比如情感、情绪等人的需求。

之所以强调社交属性，是因为一个团队得以成功，本质上并不是靠权力。影响团队成功的因素包括团队中的成员个体（I）、团队整体（we）及团队所处的场景（context），他们之间的互动关系和协作质量直接影响了团队结果。

强调任务属性，是因为团队的工作就是完成一个又一个任务，而完成任务的理想情况一定是团队中的相关角色具备了完成任务的能力和意愿，能力是完成任务的基本条件，而意愿决定了任务达成的质量。最有趣的是，能力和意愿并不能够完全分割。以一个个体为例，当他的意愿足够强时，往往他会更容易习得相应能力或发挥出意想不到的能量；当他在某方面的能力足够强时，他也往往会在此方面更容易有成就感，进而可能会为自己带来更多兴趣和动力。因此打造成员个体、团队整体和团队所处场景中其他各相关方在为实现团队目标的过程中兼具能力和意愿的理想状态，是一个动态的非线性进化过程，无法一蹴而就。

下面这张团队健康快速自诊断清单可以帮助我们简单快速地了解一个团队的实际状态（见表1-1）。

表1-1　团队健康快速自诊断清单

团队属性	团队任务属性		团队社交属性	
团队要素	意愿（will）	能力（can）	意愿（will）	能力（can）
成员个体（I）	我有我自己的个人规划，并在团队中能够实现我的目标	我有能力完成我职责内的任务	我愿意帮助其他人	我知道如何避免冲突

（续表）

团队属性	团队任务属性		团队社交属性	
团队要素	意愿（will）	能力（can）	意愿（will）	能力（can）
团队整体（we）	我们团队有清晰的目标	我们团队有能力完成目标	团队遇到困难时，大家愿意向彼此伸出援手	面对冲突，团队能建设性地处理冲突
所处场景（context）	公司领导及相关部门重视我们团队的工作	公司或上级单位能给予我们一定的支持	我们与跨部门协作的同事相处友好	团队有一定的方法维系与相关部门以及领导的关系

我们综合团队的两个基本属性进行进一步细化，明确了实现有效团队协作的基本条件：

（1）一个需要团队协作才能够达成的目标。

（2）明晰的成员角色职责。

（3）合理的团队规模且相对稳定的成员结构。

有效的团队可以把一个有价值的整体目标分解成一系列有挑战又可达成的阶段性目标，让团队成员通过不同技能的互补，找到合适自己的岗位，又能满足团队的整体能力要求，大家共同促进团队成果而非互相削弱阻挠。

除了以上基本条件，要想打造一个理想团队，拥有一位创变型团队领导者也是不可或缺的。他能够探索和发现团队成员的需求，激发团队成员的热情，凝聚团队聚焦于利益相关方的需求以实现团队目标，鼓励并珍视团队成员多样性和差异性，善用团队成员，把他们排布在合理的岗位或任务上。

理想的团队还能够超出团队成员自身的想象，甚至能够激发其他团队促进他们的成功。团队成员在工作中得到成长和学习的机会，并拥有持续发展和成长的强烈意愿。他们在克服困难的努力中保持乐观主义精神，对团队的能力和成功深信不疑。团队成员之间信息保持开放、互相感恩、友善真诚，保持学习和互相帮助。团队成员在团队中能够感受到安全和归属感，相互信任和支持，知道其他团队成员会在困境中成为自己的坚强后盾。

事实上，一个团队从来不是以一种线性、有序的方式变成理想团队的。同建立婚姻关系或家庭一样，这是一个动态循环、持续进化，有时候也伴随着倒退的演变过程。在这个演变过程中，有那么几件事必须持之以恒，有意为之。我们提出的团队进化罗盘就是希望能够帮助团队领导者加速这一演变。

理想团队进化罗盘的构成

理想团队的进化模型以团队的两个基本属性为线索，通过团队生命周期三个阶段持续强化团队任务属性——过程中不断明晰团队目标，促成大家对此达成共识；通过持续关注人员动态适配来强化团队的社交属性——合适的人做合适的任务。而要让这一切落地发生，需要团队领导者深刻理解团队所处的环境，契合实际场景因地制宜、因时而变、因人而异地加速团队迈向最佳的理想状态。

团队任务生命周期划分为准备、执行和结束三个阶段（见图1-1），对持续时间相对较长的任务执行阶段，我们可以再细分为执行前期、中期和后期，这些阶段的划分其实并没有严格的边界，只是为了团队领导者在不同的阶段能更加聚焦团队的里程碑目标，关注人员适配的状态，在过程中要不断反思，有时候甚至要通过重新启动来激活团队成员。

准备阶段往往涉及选择成员、组建团队、共识愿景、明确目标。在这个阶段，团队领导者最容易出现的问题是急于考虑任务而忽略团队建设。除了拆解目标，在正式进入执行期即启动会前，制定团队游戏规则、共识团队冲突契约等这些团队社交属性尤为关键。

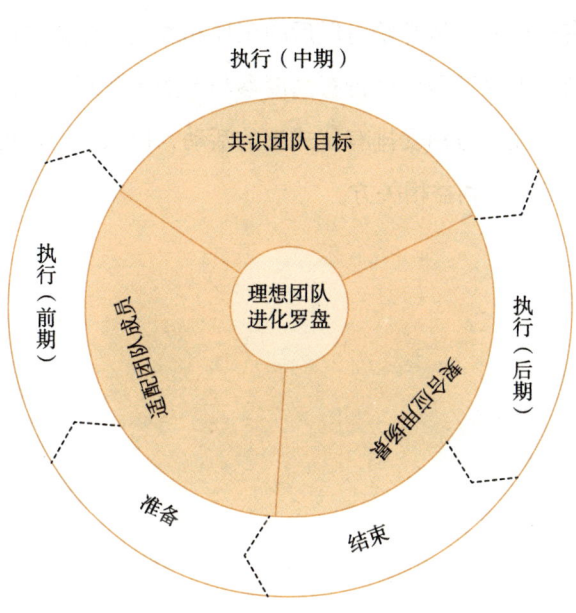

图 1-1 理想团队进化罗盘

以阶段里程碑目标达成为驱动力，执行阶段的前期、中期和后期往往伴随着团队成员从任务分工、相互合作到协同共赢的循环往复。人事匹配、人员匹配、团队角色、自组织等团队适配主题被不断强化。不同团队的个性化场景给团队领导者带来了极大的挑战。我们通过典型的场景和实例来启发团队领导者能够基于自己实际的情境，探索实践理想团队的进化路径。

锣鼓长了没好戏，天下没有不散的筵席。团队领导者要特别注意结束期这一阶段，避免虎头蛇尾。在该阶段，团队成员准备解散，注意力放到了收尾工作上。此时，团队成员的反应常常体现出比较大的差异：有的成员很乐观，沉浸于群体的成就中；有的成员则很悲观，惋惜在共同的团队工作中建立起的友谊和信任不能再像以前那样继续下去；还有一部分成员开始对以后的工作和发展产生焦虑。在这一阶段，团队领导者除了需要进行有高度参与感的团队复盘，沉淀团队经验和教训外，还要特别安排有仪式感的活动，以欣赏、认可和感激团队成员及有贡献的利益相关方。

共识团队目标，由团体变成团队

明星云集的豪华团队并不一定能拍出震撼人心的影视剧，球星云集的豪华阵容也无法保证一定能获得比赛胜利。之所以会这样，一个最重要的原因就是个人的目标和动机与团队集体目标没有协同一致。想想看，和那些心不甘情不愿的团队成员一起共识目标，这会是多么困难的事情。

团队目标是团队存在的基本条件，但即使在最理想的环境中，共识团队目标也是相当艰巨的。团队成员的动机往往五花八门，有人为了个人利益最大化，有人为了在组织内刷存在感，也有人想要学习特定的技能。如果在团队合作中不能满足成员的这些愿望，那么他们很可能就会变成搭便车的人，最终导致团队表现不佳。

经验告诉我们，当团队集体目标同个人目标和动机保持一致时，成员积极拥护该团队目标的可能性会更大。现实中，即使个人目标和团队目标在当下相当一致，随着时间的推移，未来也可能会遇到不少障碍和冲突。所以，共识团队目标也是一个动态往复、循序渐进、以终为始、求同存异、虚往实归、目标协同的进化过程。

1. 用愿景让目标可视（vision）

登高望远天地宽。拥有更高更远、引人瞩目的共同愿景对团队的成功至关重要，因为它可以让团队成员保持专注并朝着同一个方向前进。相反，没有愿景的团队会由于难以聚焦和缺乏动力而停滞不前。一个清晰的愿景意味着团队中的每个人都知道他们要去哪里、他们是否走偏，以及什么是成功。清晰的愿景可以帮助团队进行权衡并确定优先顺序。在沟通和做决策方案时，团队领导者应该将愿景作为决策依据。

2. 用阶段拆解目标（objectives and key results）

脚踏实地始于足。团队的目标来自于清晰的愿景，而一个团队首先需要具备的就是更实更近的主题目标。主题目标具有单一明确性和时效性特点，同时也是定型的，因为主题目标需要取得团队所有人的共识，相比目标值与我们的定量属性，定型层面的描述更容易取得人们的共识。在实际情况中，团队的主题目标更像一个口号，激励和拉动团队成员向前进。虽然主题目标是定型的口号目标，但相较之前提到的团队愿景宣言，两者最大的区别在于时间维度，主题目标的时间范畴更短、更近、更清晰，比如季度或月度。

主题目标按照里程碑（milestone）或时间盒（timebox）可以分解成一系列可衡量的具体阶段指标。这些指标对团队更具有务实感和压力感。医院的急诊室团队和外科手术团队就是这种在时间压力下完成团队任务目标的典型团队。

适配团队成员，达到1+1＞2的效果

案例 **天性与角色的关系**

在国内一档著名的电视访谈节目中，主持人采访一位著名演员嘉宾，问他怎样才能把一个角色演到最好。"本色出演！"这位嘉宾答道。"就这么简单？"主持人追问道。"因为本色出演的演员演得自然，观众看得舒服。这也是一些大腕演员所扮演的角色并非都能出彩甚至成为败笔的缘由，因为所演的角色和自己的天性本色差异太大，演员全靠自己的演技而不是身心合一演绎那个角色。"嘉宾解释道。"如何看待演员在影视剧和话剧中的表演？"主持人继续追问道。面对这个专业问题，嘉宾的回答是："看过话剧的观众对此应该最有体会，话剧不同于电影的重复拍摄，需要一次表演到位。如果不是天性本色出演，那么对话剧演员的硬性演技要求就极其苛刻，也许演员特别卖力，但一旦碰到难度大的剧情或比较挑剔的观众，戏很容易演砸，因为演得太费劲甚至太假了。"

这就是关于人员天性和角色任务动态适配的内容。

成员适配主要是强化团队的社交属性。除了显性可见的各种个人

能力，对于团队领导者来说，深入理解、深刻洞察成员的隐性特征才能满足团队成员适配的需求，同时也可以最大限度地避开那些隐藏的大坑。

这位演员的观点不一定完全正确，但不能否认天性与工作的适配性之间的关系。团队领导者应该在合适的时间用合适的人做合适的事。团队选择合适的个体成员，匹配任务角色，然后大家主动协同配合，最终完成从理想团队成员选择到完美团队打造的使命。

如何筛选招募理想的团队成员？如何比成员本人更加了解他的天性？如何发挥团队成员的差异性力量，实现团队角色的组合制胜？你可以在后面的章节中找到上述问题的参考答案，每个参考答案都对应了成熟的方法和实践应用案例。

需要特别强调的是，实现团队成员的适配在团队生命周期的不同阶段是一个典型的动态过程，这与人们认知的深入和应用场景的变化相关，比如团队成员的动态进出就会引发新的适配要求。

契合应用场景,找到团队进化发力点

> **案例**
>
> **团队场景实例:飞机驾驶舱梯度**
>
> 　　20世纪八九十年代,大韩航空公司发生过多次由于人员操作失误导致的安全事故。调查发现,其根源与根深蒂固的"上尊下卑"观念相关,即机长和副驾驶员之间的关系。驾驶舱里2~3个飞行员之间本来就有互相监督、防止某个人误操作的职能,但当时在他们的驾驶舱里,这个职能基本不起作用。机长具有绝对权威并且专制,不会接受副驾驶员或其他机组人员的质疑与反馈。而且因为机长是"上级",就算他有错,副驾驶员也不敢说话、不敢插手。这就加剧了机长自以为是、盲目自信的情况,最后因为错误操作而导致坠机事故发生。
>
> 　　这种机长、副驾驶员和机组其他成员之间的等级差异,就是机组人员之间的"驾驶舱梯度"。这种差异导致即使副驾驶员意识到机长犯了致命错误,也会选择沉默,因为他相信提出质疑和机长所犯的错误一样都是不对的,这是长久以来形成的文化理念与行为行动的惯性。
>
> 　　后来大韩航空公司参照欧美同行的实践,刻意突出强化驾驶舱的团队合作精神,甚至要求机组人员相互间的工作交流必须用

英语,避免母语交流的层级感,以保证飞机、乘客和机组人员的安全。

事实上,每个团队都具有典型的个性化场景特征。任何方法或模型的应用如果不能契合团队实际的应用场景,就变成了教条主义。反过来,如果不借鉴已经被其他团队多次验证过的实践做法和经验教训,那这个团队往往就会犯下与其他团队类似的错误,有时候甚至是灾难性的错误。

作为团队领导者,你需要基于实际情境,因地制宜、因时而变、因人而异,持续协同团队成员的目标,明晰团队目标,动态适配团队成员个性特征,最终实现理想团队的创变目标。

我们从团队内部和外部两个维度给大家列举一些影响团队场景的关键因素。特别提醒:这不是全部,而是一些典型共性因素。

我们可以先从内部因素中选择对团队影响比较大的团队类型、团队规模和团队文化三项因素来理解团队场景。

1. 团队类型

从团队的发展总体趋势来看,团队将更加扁平化,结构会更加松散,组织方式更加虚拟化,联系更为广泛,工作节奏会更快。但因团队类型不同,差异也会很突出。有的团队所有成员紧密围绕共同的工作目标,工作职责彼此交叉,协作和协同是其关键所在;有的团队成员分工明确,互不干涉,聚在一起成为团队只是组织管理的需要。

我们不去争论什么是真正的团队(team),什么只是一个团体或工作小组(group),因为大部分团队都在上述两种极端之间。理解所在团队的类型对团队主管(经理、领导或教练等统称)大有裨益,不仅可以遵循团队管理背后的共同准则和公认的有效实践，而且可以最大化地发挥各种团队个体差异性的价值。

当然，实际团队往往也是不同类型的各种组合。比如，跨职能的临时性项目团队、虚拟化的自我管理团队。表1-2里列举了几种常见的团队类型，大家可以作为参考。

表1-2 常见的团队类型列举

团队类型	典型特征	实例
职能/部门团队	团队成员来自一个职能或部门组织，相对稳定，通过分工执行即可完成总体任务，团队长期或永久存在。团队主管有正式的权力	• 销售团队 • 人力资源团队 • 企业大学团队
跨专业/职能团队	团队成员的专业和技能具有互补性，如何协作的工作机制的设计比较关键。团队任务的优先级排序既有挑战性又关键	• 企业高管团队 • 各种委员会 • 医疗保健团队
临时性项目团队	越来越多的人发现自己的工作生活将围绕短期的、以项目为基础的团队来发展，而不再是长期的、没有明确成果的工作，即好莱坞工作模式。项目团队的典型特征是团队明确的生命周期，即团队的临时性特征。任务明确，协作挑战，团队主管的非正式的权力即个人影响力（比如专才、业绩或声誉）和多视角思维比较关键	• 新产品开发团队 • 精益六西格玛改善团队 • 企业培训项目

（续表）

团队类型	典型特征	实例
虚拟化团队	地理上分散，远程工作。随着技术手段的发展以及成本的压力，团队虚拟化趋势愈来愈明显。虚拟化团队最大的特点是其灵活性，但团队成员如何快速建立信任来降低相互之间的陌生感，提升大家的参与度，往往也是其最大的挑战	• 跨地域的市场团队 • 新型冠状病毒性肺炎疫情期间的远程办公团队
自组织/自治团队	没有明确领导者的小团队，团队成员自我管理、自我组织，成员往往有共同的利益或兴趣。这类团队往往把速度摆在首位，为了避免犯致命错误，团队确定固定点的集体反省就极其重要	• 敏捷开发团队 • 创业团队 • 运动团队
专业型团队	团队成员往往是知识型专业人士。他们多数有自己明确的观点和想法，对新事物持有怀疑和挑战精神，让他们达成共识是一件很困难的事情	• 专业顾问团队 • 律师团队 • 审计师团队 • 软件开发团队

2. 团队规模

一个理想的团队应该有多少成员？这是个常常被提到的问题。团队规模主要取决于团队的任务，即有多大工作量和多少工作类型需要团队完成。影响团队规模的因素除了比较容易理解的任务属性外，还有团队的社交属性特征及团队所处的环境因素。

团队规模越大，要求个人遵从集体意志的压力和约束就会越大，这样的团队更接近一个正式的组织。反之，团队规模越小，对团队成员个体的依赖性就越高，这时候的团队更像一个非正式的自组织组合（见图1-2）。

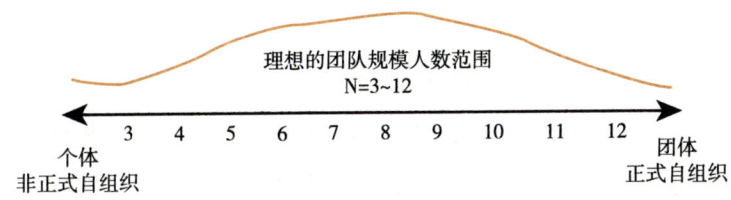

图1-2　理想的团队规模

理想的团队规模基于实际工作场景而定。公认的规模一般是3～12人。既能够相互支撑又可以相互制约的3人是构成一个团队的最少人数，而上限其实是没有硬性标准的，但人数越多，团队成员被聆听的机会就越少。我们知道，团队成员间沟通的路径或通道数量$=N×X(N-1)$，团队成员数量（N）越大，沟通的路径越多，复杂性越高，而团队社交属性中最重要的是成员间的沟通，特别是积极聆听。"团队角色理论之父"贝尔宾博士认为，真正的团队人数应该不超过15人，否则按照团体组织来管理更合适。在具体实践中，团队规模往往选择以12人为参考上限。

10～12人的团队

这个规模的团队，大到可以由不同成员形成足够多的各种最佳组合，小到可以让团队成员共同感受自身的角色认同感和亲密感。不过大家可以想象一下，如果把10个人放到一个会议室开会，基本上意味着每个人大部分时间都处于被动的接收状态。如果一个团队中有几个比较强势的人（往往有），他们就会因为争夺发言权而打断其他人的发言，甚至有个别成员会"开小会"，这样的结果既低效又没有人会满意。

因此，这种规模的团队必须配备一个有效的指挥机制才能顺畅运作，才能发挥团队的理想价值。这个规模最典型的团队是足球队。

5～9人团队

这个规模的团队也是最多见的，特别是领导决策团队，会相对稳定和持久一些。这样的团队往往容易步调一致，共同讨论和行动。如果构成得当的话，团队可以达到高度的平衡。

这也是Scrum敏捷团队推荐的理想规模（7±2）。亚马逊的创始人贝佐斯也提过"两个比萨原则"，即用比萨数量来衡量团队规模的尺度，如果两张比萨都喂不饱一个团队，那说明团队规模过大。

3～4人团队

这个规模的团队是成员紧密度和参与度最高的团队，挑战在于团队很难应付随时出现的工作负荷和种种变化。所以，这个规模的团队对每个成员的依赖性都很高，这就要求团队成员的个体能力强，技能还要互补。不同于3人高效决策，4人决策难度增加，效率下降。不过做一些重大决策时，往往决策质量要优先于决策速度，大家需要充分讨论。当遇到冲突时，秉承"示人以真"的原则以形成最佳决策。

团队规模大小除了取决于以上因素，还取决于团队所在的实际环境，比如后勤安排的便利性——团队外出一辆车可容纳的具体人数、团队会议需要的会议室的大小等看上去不重要但实际上影响特别大的因素。

总结下来，团队的理想规模就是各种因素的综合平衡点。一方面，团队的任务属性决定了团队有必要扩大规模，全方面配置团队任务所需要的知识、技能和经验。另一方面，团队的社交属性要导向以人为本，缩小团队规模，这样让团队成员有角色感、参与感和价值感。但这种更近的距离和更频繁的沟通，又加大了团队成员的压力和冲突。

3. 团队文化

人类需要文化来实现和谐共处，而团队需要文化来完成任务。隐性的团队文化影响着团队的群体思维，往往成了团队成员不言而喻的行为"潜规则"。我们用四象限拆解一下团队文化的类型和特征（见图 1-3）。

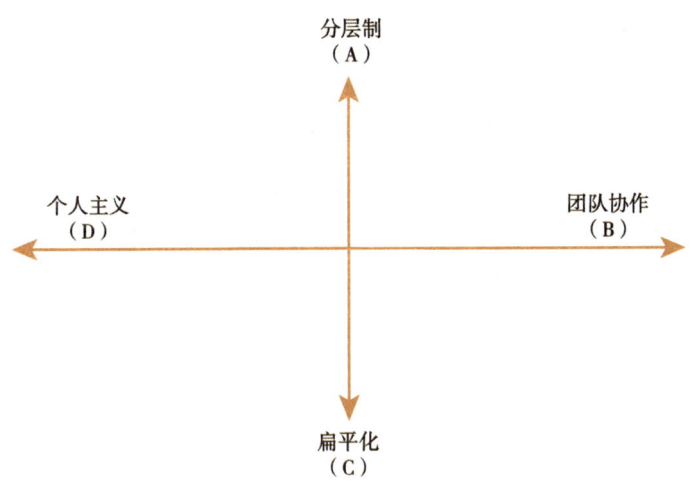

团队文化矩阵纵轴值 A-C=Y，团队文化矩阵横轴值 B-D=X

图 1-3　团队文化四象限

第一象限（凝聚力强、决策层次多）：信徒团队，典型代表是脸书（Facebook）团队。团队为了一个颇具吸引力的愿景而团结起来，但团队成员也会轻易地屈服于群体思维。

第二象限（凝聚力弱、决策层次多）：小卒团队，典型代表是苹果公司团队。这种团队的优势在于强有力的领导者可以保证方向的一致性，而缺点就是团队成员单打独斗，一切以领导为中心，缺少互动反馈。

第三象限（凝聚力弱、决策层次少）：精英团队，典型代表是美国职业篮球联赛（NBA）。这种团队可以满腔热情地应对巨大挑战，但缺乏融洽的团队关系或强有力的领导者，在压力或挫折面前容易分崩离析。

第四象限（凝聚力强、决策层次少）：朋友团队，典型代表是互联网行业的敏捷开发团队。这种自组织的赋能团队能带来长期效益，也往往能解决未知性和独特性的挑战任务，因为团队成员关系融洽，个人更加全身心投入。但从短期来看，这种团队往往启动比较慢，热身时间比较长，因为团队个体成员需要一定时间找到彼此最舒服的协作方式，以适应自己的角色和优势发挥。

其实，没有哪一种文化是最好的，关键在于了解其本身的优缺点，然后根据团队自身特点和目标来打造最合适的理想团队，从而使得大家的技能组合及个性特征能充分发挥出来。

> **小贴士**
>
> 如果你想了解自己的团队文化类型，可以做个简单测评，针对团队实际情况给每条叙述打分。
>
> 团队完全没有此类情况 =0 分
>
> 有时候会有此类情况 =1 分
>
> 一半一半，基本持平 =2 分

团队内经常有此类情况 =3 分

团队内一直有这种情况 =4 分

叙述清单：

A. 团队主管确定了角色分工

B. 团队成员通常会协作完成任务

C. 团队成员通常集体做出决策

D. 团队成员在工作中通常互不往来

A. 团队主管确定方向，其他人则跟随主管方向

B. 团队成员通常会在工作中寻求他人的意见和建议

C. 团队成员通常可以自主选择他们想要完成的任务

D. 团队成员将重点放在自身优势上，并且会正确完成任务

A. 决策过程遵循严格的层级

B. 团队成员通常会达成共识

C. 不管创意来自何人，最出色的那个创意会获胜

D. 团队成员通常会对团队方向存在重大分歧，但他们只是把自己的观点埋在心里

A. 当团队成员的看法存在分歧时，由权力最大的主管做出最终决定

B. 团队通常会等到所有人都支持某些决策之后才执行该决策

C. 指挥层级只是个形式，在实际工作中会弱化

D. 即使有人不同意某个决策,团队依然会执行该决策

A. 人人都清楚自己的角色定位,并且能坚守自己的角色
B. 在进行决策时,团队成员彼此避免激怒对方
C. 团队成员会进行自我管理,无须主管加以指导
D. 团队成员看法是否一致并不重要

5个A(团队文化导向分层制)总分 =
5个C(团队文化导向扁平化)总分 =
5个B(团队文化导向团队协作)总分 =
5个D(团队文化导向个人主义)总分 =

  在考虑选择团队类型和结构时,一方面要评估究竟是由领导者来制定强有力的愿景,还是采用非正式的组织方式能够创造最高绩效;另一方面也要考虑是各自单枪匹马作战好,还是大家集体上阵完成任务好。在团队构建之初就要对这些内容进行沟通,参考团队文化象限,这将有助于进行有效的团队分工,确定大家的角色,推动团队的成功。

  影响团队场景最大的外部因素之一是利益相关方的参与投入和支持程度。这部分在团队生命周期的执行阶段中期将有实践应用描述。

这些要点要牢记

- 单打独斗的英雄主义时代已被"团队主义"替代。
- 没有目标,哪有团队。
- 单纯的任务属性常常让我们举步维艰,但引入社交属性就让我们事半功倍、柳暗花明。
- 大多数团队的进化过程好比"过山车"。
- 照搬照抄"隔壁老王家"的办法解决不了你的问题。

02

准备，团队创建

> 只有团队成员勇于承担冲突的风险，互相信任，相互依赖，努力工作，真正的团队才能形成。
>
> ——《团队的智慧》

准备创建团队期间，在寻找合适的团队成员的同时，团队领导者需要利用这个时机带领团队一起通过迭代共创愿景故事，发展共同愿景，进而树立和共识团队目标，开始聚焦当前的阶段目标。这个时期的团队氛围往往是和谐和冲突并存。此时约定团队游戏规则尤为必要，特别是团队如何进行良性冲突的规则。

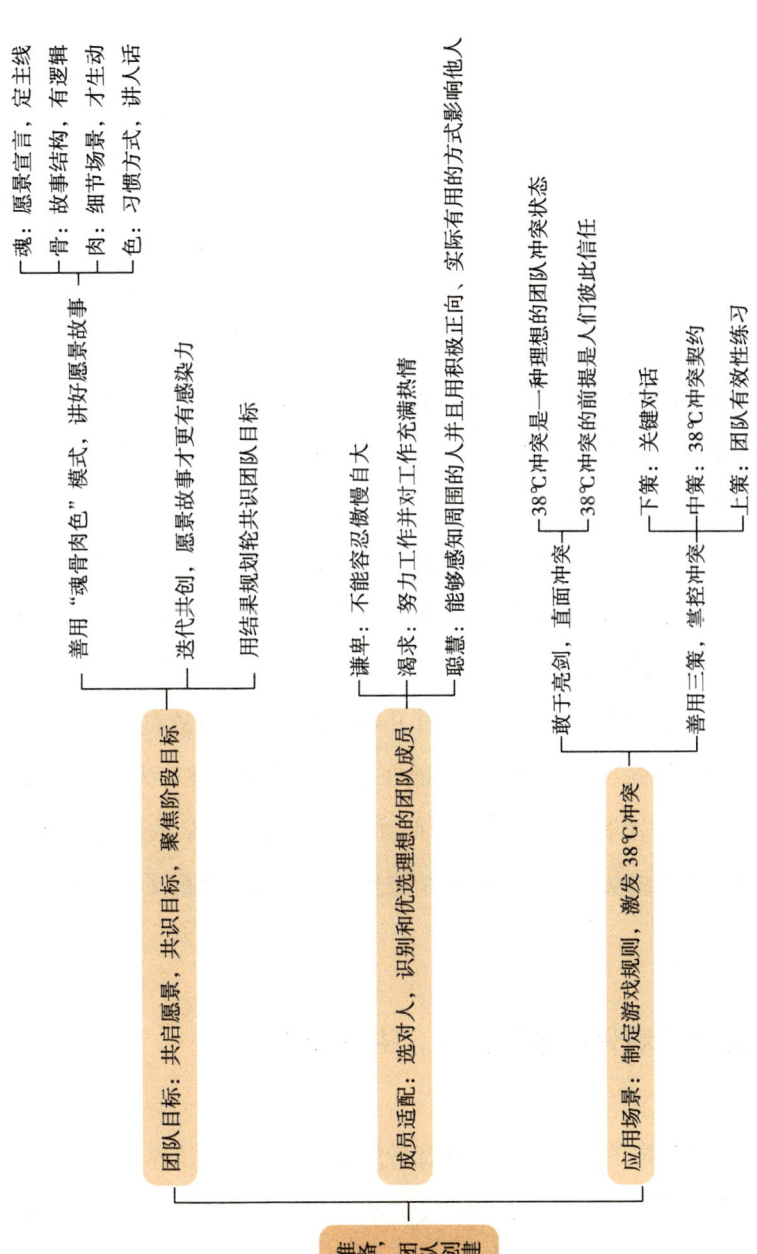

团队目标：共启愿景，共识目标，聚焦阶段目标

团队形成初期，常常是和谐和冲突并存。利用这个初创期来发展共同愿景、树立团队目标对于团队领导者来说尤为重要。但如何与团队成员共启愿景呢？

逻辑引发思考，情感激发行动。团队愿景可以用一句话言简意赅地表达出来，但要想让人们对其有清晰的理解和共同的感受，就需要讲好愿景故事。人是追求意义的生物，我们需要知道"为什么"。讲故事胜于讲道理。一个精心设计并不断迭代的愿景故事，不但能时时回答"为什么"的问题，而且能在情感上激励和鼓舞大家采取行动。创业团队和跨职能、跨组织团队尤其需要好的愿景故事把未来的期许变得具体生动，这样可以团结更多团队成员，吸引更多利益相关方支持。

1. 善用"魂骨肉色"模式，讲好愿景故事

魂——愿景宣言，定主线

愿景故事的"魂"是指它背后的精神主线，无论愿景故事讲得多么引人入胜、丰富多彩，它要传达的是观点。一般是用一句话概括团队的愿景，描述团队想要成为什么样子，或团队将为其所在的组织或

环境带来什么样的影响。很多时候我们将这句话称为"愿景宣言"。

从团队的任务属性出发，团队愿景宣言可以考虑与以下三个要素关联：

（1）与团队所在的组织的目标保持一致。例如：我们的产品在市场上最受欢迎。

（2）与客户的需求保持一致。例如：成为客户最信赖的服务团队。

（3）对社会的价值。例如：为公众提供最好的医疗服务。

从团队的社交属性出发，团队愿景宣言也可以考虑与以下三个要素关联：

（1）团队氛围关系。例如：成为"示人以真"并直面冲突的团队。

（2）团队成员的成长和幸福感。例如：成为关注成员发展和幸福感的团队。

（3）与组织内外的其他团队的关系。例如：成为内外部伙伴首选的合作团队。

骨——故事结构，有逻辑

愿景故事的"骨"是指它的结构框架。清晰的结构框架让愿景故事有逻辑，易于被人们理解。常见的愿景故事结构可以分为以下四个部分（见表2-1）。

第一部分，讲过去，就是指发生变化之前，情况是什么样子的。

第二部分，讲情况发生了变化，这种变化导致什么问题的出现或者什么机会的来临。

第三部分，讲现在我们做了什么决策，解决了问题或者抓住了机会。

第四部分，讲将来，即可能发生的美好未来是什么样子。

表 2-1　愿景故事的常见结构

	第一部分	第二部分	第三部分	第四部分
结构	过去……	然后，情况发生了变化……	所以现在……	将来……
说明	在发生变化之前，情况是什么样的	新情况导致了问题或带来了机会	我们做了决策来解决问题或者捕获机会	可能发生的美好未来是什么样的

需要注意的是，按照常见结构搭建的愿景故事，有时候会成为个人、团队或公司的发展史，而不是向团队解释为什么要做这样的改变。因此在熟悉和掌握了常见愿景故事结构后，我们会进一步使用一种结论先行的优化结构。

优化结构对常见结构运用四个部分叙事的顺序进行了改变（见表2-2）。

表 2-2　愿景故事的优化结构

	第一部分	第二部分	第三部分	第四部分
结构	过去……	然后，情况发生了变化……	所以现在……	将来……
说明	在发生变化之前，情况是什么样的	新情况导致了问题或带来了机会	我们做了决策来解决问题或者捕获机会	可能发生的美好未来是什么样的
优化顺序	(3)	(2)	(1)	(4)

我们会先把第三部分的决策选择写出来，因为只有这样做，人们才会明白故事大概讲的是什么事情，以及故事要传递的观点是什么。

然后，我们会创作第二部分，找到不久前发生的、能够解释为什么会做出这样的决策的事情，即"痛点"。

完成了愿景故事的第三部分和第二部分后，我们就开始创作故事的第一部分，这么做是为了给人们提供背景信息，帮助他们理解过去是什么情况。如果我们能讲出第一部分和第二部分之间的强烈反差，故事就会具有更大的感染力。

最后，我们创作故事的第四部分：将来。这个部分是最难写的，因为将来还没有到来。而且，如果我们只是把我们想要的结果罗列出来，那我们就不是在讲故事，而是在罗列要点了。在这个部分，我们建议的做法是找到现实中正在发生的能够反映我们想要达成的未来的事情。如果实在找不到与正在发生的事情有关的故事，可以创造一个故事，即畅想美好未来。

此时，我们想要创作的愿景故事已经大致成形了，但还缺少画面。没有画面，我们就无法让受众感兴趣。

肉——细节场景，才生动

愿景故事的"肉"是指场景。要想让愿景故事生动起来，就需要在结构中添加特定的场景。

愿景故事需要添加的场景其实就是细节，有了细节才会让人们觉得故事是真实的，是发生在自己周围的。这些必要的细节包括以下方面。

（1）时间。如果一件事情达到了让我们刻骨铭心的程度，与我们记忆这件事情发生的时间颗粒度相关。时间颗粒度就是指人们管理时间的基本单位。比如有的人记得事情发生在春、夏、秋、冬四季中的某一季，有的人记得事情发生在某年某月的某一天，有的人记得时间是上午还是下午。但如果不是一件特别能够让自己刻骨铭心的事情，人们多数是不会记住事情发生在几点几分的。因此描述时间的颗粒度要与场景匹配。

（2）地点。真实的、被人们熟悉的地点会带来更好的效果。

（3）人物。名字和形象等具体描述，会让这个人出现在受众的心里。

（4）情节。比如对话。如果情节是跌宕起伏的，那就更好了。

请记住，一定要分享真实发生过的事情，最好是我们自己经历过的。当然，也可以讲述从别人那里听来的事情。二手场景虽说是次优选择，但总比没有场景可讲要好。

需要特别说明的是，畅想未来的时候如何添加细节。关于畅想未来部分的细节，可以通过引入一些特别的场景进行勾画。例如，在变革项目群管理中，常常通过畅想收到"来自未来的明信片"这个场景来帮助项目群团队思考：我们的项目群结束后，公司会变成什么样子。还有另外一个有趣的例子就是撰写伟大团队的"墓志铭"——我们希望未来的人们如何评价我们今天所做的事情给他们带来的影响。

愿景故事结构中的四个部分都可以添加特定的场景来提升故事的生动程度，但最适合插入场景的是故事的第二部分，因为这个部分是故事的关键之处。正是这个转折点解释了我们为什么要采取新的做法。要想让这个转折点发挥最大威力，我们就需要用极具冲击力的细节让人们感受到那种引发变革的情绪。

色——习惯方式，讲人话

愿景故事的"色"指的是用自己习惯的说话方式讲故事。当我们熟悉了愿景故事的结构之后，就可以把"过去……""然后，情况发生了变化……"等提示用语替换成自己平常习惯的说话方式。我们只要保证故事结构完整就可以了。很多人愿意刻意记忆"话术"，但在讲愿景故事的时候，用自己最擅长或者说用自己最适合的、在受众看来最没有违和感的说话方式表达出来，效果是最好的。我们用"讲人话"来形容这个状态。

"讲人话"的另一种表现是用有温度的语言来表达感受，而不是用冰冷枯燥的语言来描述事实。看看下面两段表达哪个更能打动你？

"不像其他的公园和海滩，我们是为家庭提供齐全的嘉年华娱乐设施和美食体验的娱乐公园。"

"不像其他的度假胜地，我们为人们带来的是亲朋相聚、老幼同堂的终生难忘的美好时光。"

显然是第二段，而这段话恰恰符合了乔布斯推崇的"禅"式表达。

某种程度上，"讲人话"还可以让我们把故事讲得短小精悍、冲击力十足。从练习 5 分钟讲完一个愿景故事开始，到 3 分钟讲完一个愿景故事，你就是个"故事高手"了。

> **小贴士**
>
> 这是来自于即兴表演（improvisational theatre）的一个讲故事的练习。人们被要求用以下结构进行故事接龙。这个练习也被用于一些组织变革工作坊的成员一起讲述愿景故事。
> - 过去的几年，每天……
> - 然后，就这样……
> - 突然有一天……
> - 因此……
> - 因此……
> - 最后……
>
> 这个故事告诉我们（未来什么样）……

2. 迭代共创，愿景故事才更有感染力

当你需要解释为什么做出某个决定的时候，你可能会想最好是自己一个人把它做出来，然后讲给别人听，让他们与你保持一致。确实，这么做在一定程度上是管用的。但是，更好的做法是把团队成员组织起来，让每个人都来创作这个愿景故事。这样一来，所有人才会真正拥有并理解这个愿景故事。而且，很多人会发自内心地认同它。人们对自己创造的东西更有好感，这就是宜家（IKEA）效应——人们对亲手拼起来的家具有一种不可名状的喜爱。自己付出的努力越多，自己对结果的喜爱程度就越深。在理想的情况下，你要让所有的关键决策者都参与进来，一起来创作这个团队的愿景故事。

如果是3~5个人的小团队，你就可以把几张A3纸拼接起来，把愿景故事的结构画在上面，然后按照程序创作故事。你可以问自己："什么故事能最好地解释我们做出的决定或改变呢？"如果人比较多，一张桌子坐不下，你可以把他们分成几个小组，每个小组最多8个人。你要为每个小组单独准备结构图，以便他们各自都能创作出不同版本的愿景故事。然后，每一组推选一个人把他们组的故事讲出来，以便所有人各取所需。同时，团队领导者把共识的想法集中起来，形成范文。

更生动的做法是用"走脑、走心、走手"来思考和表达。今天，越来越多的团队引入"乐高认真玩®"工作坊，用这种回归人性"爱玩"的本真的方式让团队共创愿景故事的过程更具吸引力。

案例 互联网企业用"乐高认真玩®"（LSP®）工作坊共创团队愿景

背景：我们的一家互联网公司客户，几年前由两家公司合并而成，其中一家的主要团队在北京，另一家则在上海，合并之初

两家公司的原有业务板块相对独立。经过四五年的融合，公司发展规模不断扩大，业务版图已经发展到很多三四线城市，业务板块也从原有的团购、口碑评价，拓展到外卖、酒旅、网约车等领域。

问题：公司原有架构中，各个业务板块下面都有独立的大数据团队支持本业务板块，提供数据服务。公司持续增长，新业务的拓展对于数据支持的要求逐渐提升，而现有资源由于分散在各业务单元，很多没有被充分利用。公司态度很明确，"不要重复造轮子"——所有板块的数据团队整合成新的大数据团队。

新团队成立后面临很多问题，之前没有合作过，彼此之间缺乏了解；大数据团队的定位和方向有待明确等。然而留给这个团队调整准备的时间并不多，他们需要快速融合，彼此协作，为业务团队提供数据服务支持，证明新部门的价值。大数据团队的团队领导者需要给这个新的团队规划一个凝聚共识的愿景。

使用"乐高认真玩®"工作坊：度过为期一天的工作坊，准确地说是度过"互联网公司概念"的一天：下午＋晚上。地点选在公司的会议室，这个会议室的座椅和大部分公司会议室柔软舒适的旋转椅比起来显得格外"硬"，90度直角的硬靠背椅估计连小学教室都不会用，公司创始人希望通过每个细节提醒同事们要保持公司初创时的心态。现场有两位引导师，此前引导师与团队领导者和团队的HRBP(人力资源业务合作伙伴)都进行了访谈，并在此基础上设计了工作坊流程。工作坊有20人参加，分成两个大组。在完成对搭建、隐喻、故事叙述等"乐高认真玩®"技术的练习后，进入工作坊的核心环节。

搭建的第一个模型是"过去一年，最需要你操心的一件事"。

大家讲述的故事从家里装修到孩子出生、从幼儿园入托到小升初等，此刻大家的角色不再是开发经理、测试主管，而变成了丈夫、妻子、父亲、母亲，大家突然觉得对面的同事变得亲切了。通过这个环节，参与者的距离一下子拉近了。

参与者搭建的第二个模型是"从小到大最自豪的一件事"。这个模型表现的是，你希望自己在团队成员眼中是一个什么样的人。整个组的模型整合在一起后，其实就是给这个团队下了个定义。

第三个模型是让每个成员定义一下"什么是大数据团队的成功"。在所有参与者讲述并认真倾听完所有模型后，20位参与者共同整合成一个全景模型，这个全景模型代表了汇聚整个大数据团队共识的未来团队愿景。当4张桌子那么大面积的全景模型呈现在整个团队面前时，大家都很震撼，也很激动。纷纷掏出手机站在高处拍下这个凝聚团队共识的模型。引导师在此基础上提出最后一个模型问题："实现愿景的关键要素"。通过搭建这个问题，大家开始讲述团队愿景的实现方法，讲述后面的行动方案。

结果：大数据团队成员之间加深了了解，团队快速实现了融合（说句题外话，当天工作坊结束后团队一起去聚餐，餐桌上的碰杯让工作坊的话题进一步发酵），为自己团队创建了一个愿景，这一愿景最显著的特色是，它不是来自于团队最高管理者的口中，而是生发于每一位团队成员的心中。在确定了关键要素、关键障碍和关键目标，并了解了每个成员能为愿景实现贡献什么之后，他们利用这个团队愿景为新的部门按下了启动键。

愿景故事不但要共创，而且要不断迭代。因地制宜地讲当下人们有感觉的愿景故事才是最重要的。

3. 用结果规划轮共识团队目标

与团队共启愿景激发了团队成员的共同感受。但愿景要变为现实，并且团队能够将之实现，需要对其进行横向和纵向的拆解。横向拆解是为了将时间临近度拉近，把年度周期的愿景拆解为以季度、月度为基础的阶段性团队目标。阶段性团队目标的描述需要是定性的，一句话的口号目标是可取的。因为简单明了的口号更容易让人们达成共识。接下来我们再纵向拆解，从阶段性团队目标分解出支持该目标的关键结果，然后思考通过何人、何时、衡量什么及如何衡量来明确关键结果。最后进行迭代精进，开始拆解下一个阶段的团队目标。只有这样，才能引领和指导团队在实际工作中达成预期。这就是典型的目标关键结果指标（OKR）目标管理的实践做法。在团队的实际操作中，我们可以使用结果规划轮来实现这个拆解过程。

下面我们用一个茶叶商家的创业项目团队实例来阐述结果规划轮的应用（见图2-1）。

用结果规划轮共识团队目标的好处在于：感性方面，团队不断被目标引领；理性方面，团队更清晰地知道当下该达成什么关键结果才能满足团队目标的要求。唯一需要提醒的是，与愿景故事的迭代共创一致，这个从愿景到目标，从目标到预期结果，并且明确预期结果可衡量的拆解过程，团队领导者必须引导或促使团队成员共同参与和投入。

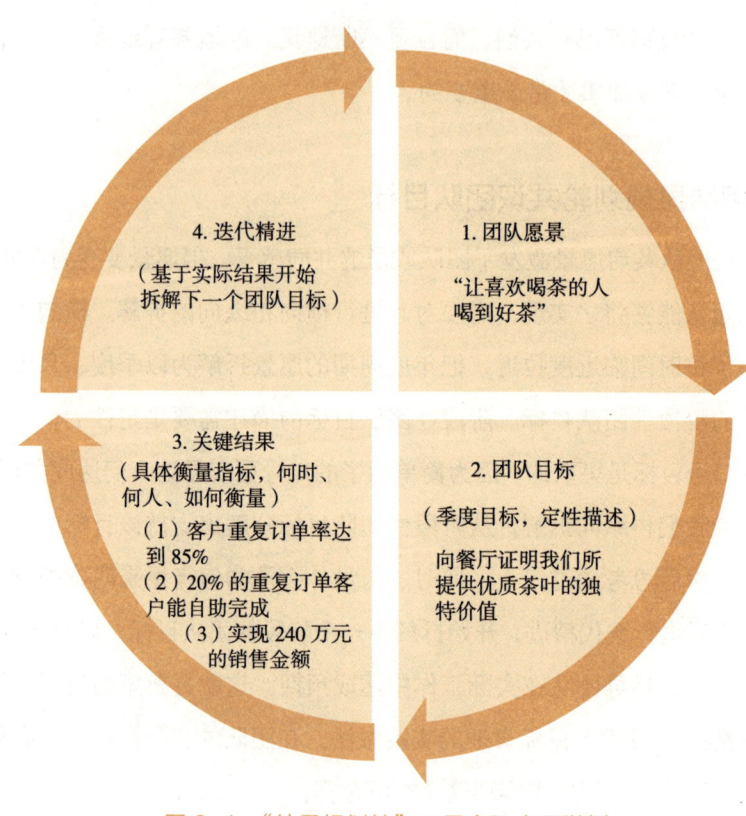

图 2-1 "结果规划轮"工具实际应用举例

成员适配：选对人，识别和优选理想的团队成员

在准备阶段，团队领导者一方面要共启团队愿景，共识团队目标，另一方面要着手招募成员，组建团队。理想的团队成员存在吗？答案是肯定的。那么甄别和选择理想的团队成员，就是团队领导者的重要任务。

> **案例** **理想团队成员实例**
>
> 这是一个集制造和销售于一体的传统行业的管理团队。2017年2月，新任CEO到岗的第一天被告知公司当年的预算要比去年翻番。CEO通过快速了解公司实际情况，得出结论：如果只基于现状，不做任何变化，翻番的目标肯定不能实现。但他还是坚信事在人为！他很快跟国外的总部要求自主权和决策权，没想到总部第一时间就批复了。于是CEO开始了一系列的大胆改革：重组组织架构、重整产品结构、重塑文化和价值观等。他内心有两个企图：一是有形的，要看到财务数字的增加；二是无形的，要看到组织效能的提升，因为这关系到未来！
>
> 接下来的3年时间，公司人员从19人扩充到217人，CEO带领着团队从第二年开始盈利，收入指标超过10倍增长！当然，这个数字包含了最后一年的并购成果，而且是很成功的并购。

看到这里大家可能会问：是什么样的团队实现了这样的增长？

首先，这和这位CEO对人才选拔的重视是分不开的。CEO会参与所有关键人才的筛选过程，除了通过让候选人准备PPT来展示和证明他们的资历经验之外，CEO通常会关心两个方面的问题：

第一，候选人如何看待成长？他希望看到候选人有强烈的意愿和韧性去面对挑战和挫折，原因很简单：现在没有容易的工作！客户方面的要求只会更高，竞争对手的实力只会更强，变幻莫测的外部环境只会更加不可预测……他说一个只关注"和谐和稳定"的员工是不能担当艰巨的成长使命的。除了公司的成长，还有个人的自我学习和成长。CEO说在数字化时代，有太多的新产品、新理念和新知识需要我们去主动学习，一个不爱学习或者学习能力很弱的人是绝对跟不上发展的脚步的。还有一类人不爱学习，是因为太过自满和自以为是而不愿接受新鲜事物和不同观点，他们如果总是这么骄傲或故步自封，有一天很可能就会成为组织的障碍。

第二，候选人如何融入团队？CEO说他发现在团队中比较受欢迎的是那些实干却又谦逊的人，他们懂得尊重理解他人的不同见解，不会强求别人接受自己，但会自信地表达自己的观点并试图找到最合适的解决方案。CEO说，谦逊是一种成熟，尤其在团队中是不可多得的美德。走极端的人，要么在遇到冲突和在强势之下言语沟通咄咄逼人，很具侵略性，让人不舒服；要么自卑懦弱不敢表达。这两种人都会给团队带来负面的影响。CEO特别强调，如今已经不是单打独斗、个人英雄主义的时代，太多场合需要团队协作，需要和或熟悉或陌生的人组成项目组，共同达成任务目标。一个不懂得与他人合作和不会处理冲突的人，是不能和团队走得太远的，不管他多么能干。

CEO还分享了一些真实案例，有些员工因为上述一些问题主动或被动离开了公司。而那些适合的人，不论遇到什么样的情况，他们最终都可以适应或者解决问题。其实，没有完美的人，但需要找到员工身上那些宝贵的品质。这些品质可以使团队更加坚韧和敏捷。

其次，他把公司年复一年制定战略、设定目标然后一个个达成目标的过程比喻成长征，大家最终能够走下来拥抱胜利，一定是因为他们做对了什么。这让我们自然联想起理想团队成员的三项美德——谦卑、渴求和聪慧，而且一个也不能少！

帕特里克·兰西奥尼在《理想的团队成员：识别和培养团队协作者的三项品德》中说道：理想的团队成员应该发展的三项品德是谦卑（humble）、渴求（hungry）和聪慧（smart）（见图2-2）。谦卑是一种态度，渴求是一种动力，聪慧是一种行为，这三项品德在团队中很容易被发现。

一个不谦卑的成员总是想展示自己的优势，自然不会展示弱点，从而很难建立基于弱点的信任，不能建立信任将使他不能坦诚地参与良性冲突并且担当责任。因为害怕失败和不展示弱点，他很难做出或执行对自己不利的决定，而这些决定可能有利于团队。

一个不渴求的成员只会满足于现状，他不愿接受更高的期望值，更不愿参与让他感到不舒服的冲突，宁愿选择让其他同事对自己的行为表现各自负责，或者不会去设定无论如何都要达成的结果，而选择更容易实现的目标。

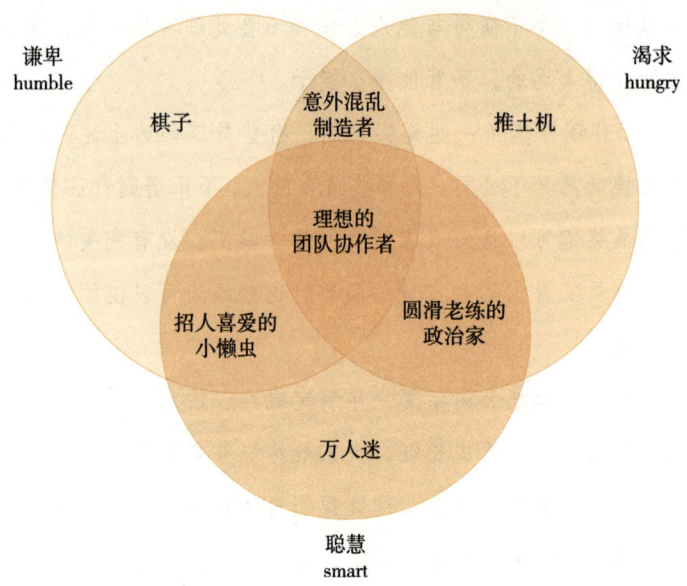

图 2-2　理想团队成员的三项品德

一个不聪慧的成员，非常不善于在团队中和不同的团队成员愉快地工作。他极有可能在团队建设的过程中，尤其是需要有技巧地参与富有成效的冲突时，为团队制造不必要的麻烦和问题。

所谓"正确的人"，除了显性的专业技能外，最重要的就是同时拥有三项品德——谦卑、渴求和聪慧。

1. 谦卑：不能容忍傲慢自大

谦卑者不会过于自我，也不会因为担心自己的地位而瞻前顾后。谦卑者会迅速指出他人的贡献并逐步引起他人对自己的关注。他们分享荣誉，强调团队而不是个人，他们把集体的成功放在个人成功之上。

缺乏谦卑的人又分成两类（见图2-3）：

图 2-3　不谦卑的人的两个极端

第一类是超级傲慢自负的人——倾向于自大炫耀来吸引注意力。

第二类是缺乏对自己价值的认识——认为自己的才能和高效不重要。

这两类不谦卑的人的共同之处在于缺乏安全感。

> **小贴士**
>
> **团队成员谦卑品德（自）评估清单**
>
> 1. 他会毫不犹豫地真诚欣赏或赞扬团队伙伴吗？
> 2. 当他出错时，他愿意承认错误吗？
> 3. 为了团队利益，他愿意承接相对低端的具体工作任务吗？
> 4. 他会乐于向其他人分享团队获得的荣誉吗？
> 5. 他愿意承认自己的缺点吗？
> 6. 他能够自然从容地给予和接受反馈吗？

2. 渴求：努力工作并对工作充满热情

渴求的人将事情做好且做得超出预期的承诺是可以管理的，并且可以持续。他们总是在寻求更多，做更多的事，学更多的东西，承担更多的责任，几乎不用管理者推动着努力工作，就会持续思考下一步和下一个机会。

与之相反，那些渴求极端以至于失去自我或者渴求匮乏导致产出平平的人不会和团队走得太久（见图2-4）。

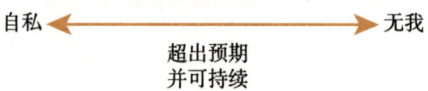

图 2-4　不渴求的人的两个极端

> **小贴士**
>
> **团队成员渴求品德（自）评估清单**
>
> 1. 在他的工作中，他愿意做的比被要求的多吗？
> 2. 他对团队的使命充满热情吗？
> 3. 对于团队整体的成功，他会感觉是个人的责任吗？
> 4. 在正常工作时间之外，他愿意付出更多时间思考并开展工作吗？
> 5. 必要的时候，他愿意并渴求接受单调冗长、富有挑战的任务吗？
> 6. 在他的职责范围之外，他会寻求机会，做出贡献吗？

3. 聪慧：能够感知周围的人并且用积极正向、实际有用的方式影响他人

聪慧者会知道团队中发生着什么，并且知道如何用最有效的方式处理和他人之间的关系。他们提出很好的问题，聆听他人意见，并且专注地参与团队讨论。不够聪慧的人要么对团队周遭发生的事情漠不关心，要么对其他队员不热情、不关心（见图2-5），这样的表现很可能破坏理想团队的士气和斗志！

图 2-5　不聪慧的人的两个极端

> **小贴士**
>
> **团队成员聪慧品德（自）评估清单**
>
> 1. 在会议和人际交往中，他了解团队成员的感受吗？
> 2. 他在团队中表现出同理心了吗？
> 3. 他对团队成员的个人生活表现出兴趣了吗？
> 4. 他是个忠实的倾听者吗？
> 5. 他意识到自己的言语和行为对团队中的其他人所产生的影响吗？
> 6. 他善于调整自己的行为和风格以适应谈话主题或维护关系吗？

具备这三种品德的理想成员是团队的财富，既不容易找到也不容易培养。但一旦拥有，团队将受益匪浅！所以从筛选开始，领导者要有意识地找寻和挖掘这些品德。它们奠定了一个理想团队的文化基石，也是一个理想团队在面临危机、挑战和变化时最不可动摇的价值观。

应用场景：制定游戏规则，激发38℃冲突

每个团队独有的差异化及动态化特征，必然需要团队领导者能够因地制宜、因时而变、因人而异，基于团队实际场景主动推动理想团队的进化。本章选择的特定场景应用，并不代表只有在这个阶段才有这个场景。同样，本书其他章特别描述的应用场景也可能用于团队生命周期其他阶段。之所以在准备阶段团队创建的时候论述团队规则和冲突话题，是因为不管是陌生的还是已经熟悉的团队成员，一旦形成正式团队，必然会经历一个风暴震荡期。没有规矩不能成方圆，团队磨合期尽早订立一些最基本的规则是必需的，也是团队可以尝试共同协作的基本保障。这些看似简单的规则可以大大缩短团队的磨合阵痛期。

有经验的团队领导者都知道，团队创建阶段往往是和谐与冲突共存的，这也是人与人思想碰撞的开始，因此作为底线要求，形成团队冲突规则是必要的。团队领导者在充分理解团队冲突必要性的基础上，善用上、中、下三策，就可以构建起团队良性冲突的积极状态。

1. 敢于亮剑，直面冲突

应对冲突是一种能力。能者游刃有余，不能者谈之色变。良好而持久的团队协作关系，需要积极的冲突和争论来促使其前进。这不仅体现在工作关系中，还体现在家庭关系、亲子关系中。

遗憾的是，冲突在很多情况下被视为禁忌，尤其是在工作中。你的职位越高，你就越会发现你的同事们花很多时间和精力试图避免激烈的争论，而这种争论正是团队所必需的……重要的是，我们要将积极的辩论与消极的争吵或个人矛盾区分开。

积极的辩论仅限于观点不同，最终求同存异，不伤感情，不存在人身攻击。消极的争吵多是为了一争对错或表达激烈的情绪，最终不仅不能达成共识，还有可能伤人、伤己。所以不了解情况的人会误认为这是不和谐的争吵，但进行积极辩论的团队清楚，道理或真理不辩不明，他们这样做的唯一目的就是在最短的时间内找到最佳的解决方案，这样做能够更彻底、更快速地讨论并解决问题。辩论结束后，他们或者可以达成一致，或者下次找时间再议，不会抱着不满与怨恨进入下一个议题中。

有意避免思想交锋的团队成员更容易产生误解或者让问题长时间悬而未决。为了避免伤害感情，他们不敢提倡辩论。当团队成员不当面表达出不同意见时，他们就会在背后进行人身攻击，这对团队的危害比任何争吵都要严重。同样，很多人以提高效率为名避免思想交锋，误以为避免这类争论是节省时间的最好方法。与花时间进行争论的团队不同的是，那些避免争论的团队事实上不得不反复提出同样的问题，但还是无法解决。他们通常让团队成员暂时把问题放一放，其实还是逃避，等到下次非解决不可的时候再重新提出来。

小贴士

你所在的团队对冲突是什么态度？下面这个检查表供你快速了解一下。

惧怕冲突的团队具有以下特征	拥抱冲突的团队具有以下特征
□ 团队会议非常枯燥无味	□ 团队会议活跃、有趣
□ 使用不正当手段在别人背后进行人身攻击	□ 吸取所有团队成员的意见
□ 避免讨论容易引发争论的问题，而这些问题对于团队协作非常必要	□ 快速有效地解决实际问题
□ 不能正确处理团队成员之间的意见和建议	□ 把大家持不同意见的问题拿出来讨论
□ 把时间和精力浪费在表面形式上	□ 将形式主义控制在最小限度

  团队领导在发动有益争论时的最大困难就是想同时维护团队成员间的平衡关系，怕他们受到伤害。这种顾虑会导致争论还没开始就被"中止"了，这样不利于培养他们正确处理争论的技巧。这与父母过度保护自己的孩子，不让他们同小伙伴们发生口角是一样的。通常这样做的结果是阻碍了当事人去理解争端背后的真正原因、看清双方的立场，从而思考解决办法，维护彼此的关系。同时，虽然他们非常希望解决问题，但似乎从来无法做到。因此，当团队成员进行辩论时，团队领导应该视这类现象为好事，冷静审视、顺其发展，即便有时场面上看起来很混乱，也不要随意打断。做到这一点不容易，因为许多团队领导都认为开会时"局面失控"是自己失职的表现，殊不知，表

面上的失控要比掩盖事实和基于事实的无解更不可取。

另外，团队领导需要以身作则，参与到辩论之中，这也是非常重要的。如果团队领导总是置身于必要的辩论之外，团队反而容易养成避免辩论的习惯。事实上，很多团队领导犯过这样的错误。团队领导即使不一定明示支持哪边，至少可以适时提问题，引发双方思考。

38℃冲突是一种理想的团队冲突状态

阐述这个话题，我们先从一个自我评测开始。

下面这个问卷是一个快速测评工具（见表2-3），可以评测你自己的冲突风格和习惯的冲突应对方式。

表2-3 冲突风格与冲突应对方式测评表

是/否	1. 有时候我不愿和讨厌的人接触
是/否	2. 因为不喜欢和对方打交道，所以我不愿回电话或回邮件
是/否	3. 当人们提出棘手或尴尬的问题时，我总是试着改变话题
是/否	4. 在谈到令人尴尬或充满压力的问题时，我会隐瞒自己的真实想法
是/否	5. 在隐瞒真实想法时，我会通过开玩笑、讽刺或含沙射影的话语暗示自己的不满
是/否	6. 在提出棘手问题时，我会用虚伪的奉承作为糖衣炮弹
是/否	7. 为强调自己的观点正确，我有时会夸大事实
是/否	8. 如果说不过别人，我会打断对方或改变话题，等待合适的时候再提出来
是/否	9. 如果对方的观点愚蠢至极，我会毫无保留地告诉他们
是/否	10. 听到令人吃惊的观点时，我会说些让对方感到沮丧或生气的话，比如"你少扯了"或"一派胡言"
是/否	11. 当对话变得棘手时，我会从争论观点发展到对对方人身攻击
是/否	12. 在情绪激烈的讨论中，我常常表现得很粗鲁，让对方感到屈辱或受伤

回答上述问题时，回想一下在你的真实经历中遇到此种情况时你的反应，然后再选择答案。避免主观想象和仔细斟酌。

接下来，请填写表2-4。例如"掩饰"部分的问题5旁边标有一个"是"，如果你的回答符合该描述，就在前面的方框中打钩。

表2-4 冲突风格与冲突应对方式测评打分表

沉默式	暴力式
掩饰 ☐ 5（是） ☐ 6（是）	控制 ☐ 7（是） ☐ 8（是）
逃避 ☐ 3（是） ☐ 4（是）	贴标签 ☐ 9（是） ☐ 10（是）
退缩 ☐ 1（是） ☐ 2（是）	攻击 ☐ 11（是） ☐ 12（是）

在沉默式和暴力式两个大类中，得分最多的那一类就是你自己的冲突风格。也有可能两大类型你的得分一样多，这表明你是有情感的人，而不是冰冷的机器。实际上，很多人都会表现出这两种极端化的冲突风格，一开始会隐忍不发，到最后变成令人害怕的怪物。每个大类中的三个细分类型，得分较高的部分（每个部分选中1~2个问题）表示的是你习惯使用的冲突应对方式。

冲突风格与习惯的冲突应对方式解读如下。

沉默式包括所有有意拒绝交流观点的行为，其表现方式有很多，从玩文字游戏到不理睬对方。最常见的三种沉默形式是掩饰、逃避和退缩。

(1)掩饰是指对问题轻描淡写或有选择地表达观点。冷嘲热讽、甜言蜜语和字斟句酌都是掩饰的常见表现形式。

(2)逃避是指完全避开敏感话题的行为。双方虽然表面上在对话,但总是避重就轻,从不涉及真正重要的问题。

(3)退缩是指彻底退出对话。如果不是退出对话,就是一拍两散。

暴力式包括所有试图迫使、控制或强迫对方接受自己观点的语言行为。这些行为会破坏对话的安全氛围。表现形式从自说自话、口出秽言到威胁恫吓。最常见的三种暴力形式是控制、贴标签和攻击。

(1)控制是指胁迫对方按照你的思路考虑问题。具体的表现方式有两种,要么强迫对方接受你的观点,要么在对话中搞一言堂。具体做法包括经常打断对方讲话、过度强调自己的观点、大量使用绝对性字眼、经常改变话题,以及使用指令性语言控制对话过程。

(2)贴标签是指给某人或某些观点加上标签,把他们视为具有某种特征的一类人或物。

(3)攻击指的就是字面含义。我们往往希望战胜对方,进而发展到希望给对方制造痛苦。具体行为包括贬低和威胁对方。

通过测评,你已经了解了自己的冲突风格和习惯的冲突应对方式。在38℃冲突中,你需要努力避免陷入沉默或暴力应对的错误习惯中,而且在冲突中,你也可以判断对方是哪种冲突风格和其习惯的冲突应对方式。

谈到团队冲突状况,图2-6的这个冲突轴很能说明问题。轴的一端没有任何冲突。我们称之为"表面的和谐",因为它代表的是在团队共同面对的任何问题上,人们表现出的是沉默的共识,抑或虚情假意的一致。至少表面上是这样的。轴的另一端我们称之为"恶毒的个人攻击",它代表了人们的争吵不休,甚至诉诸"暴力"。

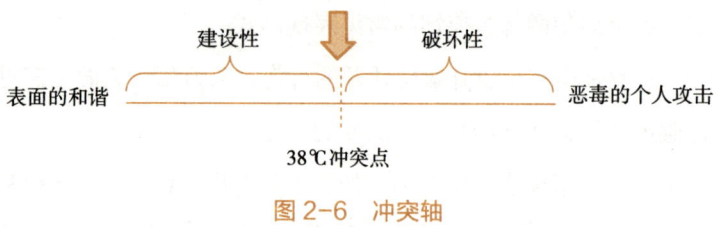

图 2-6 冲突轴

当人们离开"表面的和谐"这个极端时,会遇到越来越多的建设性冲突。在这两个极端的中间有一条分界线,越过这条分界线,建设性的冲突就导向了破坏性冲突。

回想我们在团队会议中的表现,大部分的团队所处的位置非常靠近"表面的和谐"这个极端,人们在开会的时候会竭尽全力避免直接的、让人不舒服的分歧,或者避免做会让他们离开这个舒适区的任何事情。为什么是这样?因为"心理安全"。每当人们沿着这条线向中间位置移动时,就觉得自己离冲突的浩劫更近了一步,于是他们逃回了消极、非直接的沟通和表面和谐的世界里。

此外,这种表面和谐的背后,有时候还表达了这样一个态度:这件事和我有什么关系,我都懒得理你了,我用沉默表达我的抗议。因此我们也称这种表面和谐为"冷暴力"。

有时候冷暴力比热暴力更具杀伤力,因为冷暴力所表现出来的无视和冷漠让人们连最起码的交流和沟通都没有机会了。大家可以想一想冷暴力是多少离婚事件中的直接诱因,就不难理解了。

另一个极端为"热暴力"。从冲突轴的角度来看,理想的冲突点就是分界线位置,在这一点上,团队进行了所有可能的建设性冲突,却没有越界导向"热暴力"。当然在实际场景中,这很难控制。在任何团队中，在任何家庭和婚姻中，人们有时会跨过这一界限，他们的言行不再是建设性的，不过人们不能因此而害怕，而是要认识到这样的情况难以避免，并学会管理它。慢慢地，人们会从略带破坏性的冲突中有意识地恢复过来，这样才有勇气不断让自己回归理想位置。最终，人们将树立信心，相信自己能够经受住偶尔越界的考验，甚至会变得更加强大，彼此间的信任也更强了。

无论如何，冷暴力和热暴力这两个极端都是我们在团队中需要极力避免的。在团队中，我们特别推崇的是牢牢把握住理想冲突的锚点，我们称之为"38℃冲突"。38℃冲突就是这样一种理想的冲突状态，既能解决问题，又不会导致极端后果。

> **小贴士**
>
> ### 这个生动的 38℃ 从哪里来
>
> 我们用一个关于发烧的医学常识来理解38℃。发烧意味着身体在清除病原体。受热源的刺激，身体像是打了兴奋剂一样，不仅体温升高了，还调动了身体中的免疫系统，全身的细胞、体液这些"防御部队"都被动员起来，把外来的病原菌该吃的吃掉、该杀的杀掉，不能干掉的也让它生长不好。所以，发烧在一定程度上是有好处的，不借助外来药物的作用，自己就能把身体内的病原体清除，短时间内，疾病就自愈了。38℃就是这个程度的分水岭。总是达不到38℃的低烧，让身体消耗很大，一般代表了潜在的免疫系统损伤，需要及时就医，因病施治。当出现高于38℃的高热时，大脑不但指挥不动"部队"，而且"挣扎"了半天自己也不行了，最终进入抑制昏迷状态；小孩儿由于脑功能还不完善，甚至会出现高

> 热惊厥，这些情况都是十分危险的，因此发烧至高热时也必须及时就医，用药降温。这个引喻告诉我们：38℃的发烧是一种理想的发烧状态。
>
> 38℃冲突描述的是一种理想的冲突状态，这种冲突以解决问题为导向，在这种冲突状态中，人们不保留自己的观点，不担心提出问题或分享自己的观点会遭到打击，即使会感觉不舒服，也会用良性冲突来表达类似的状态。

38℃冲突的前提是人们彼此信任

帕特里克·兰西奥尼在《团队协作的五大障碍》里说道："信任是指当你的同事督促你前进的时候，你能够认识到他们这样做是因为他们关心这个团队。"

真正有凝聚力的团队成员之间必须相互信任。这似乎是最显而易见的道理，是每个组织都非常了解和重视的原则。你可能以为大多数的团队领导都非常善于建立信任。但结果表明，他们在这方面做得并不好。造成这种结果的一个重要原因就是他们对信任的认识是错误的。很多人习惯从预测的角度来解释信任：如果你能够预测一个人在特定的情境中会有怎样的表现，你就能信任这个人。"我认识他很多年了，因此我相信他会说到做到。"这份友情值得称道，却不是足以建立一个优秀团队所需要的信任。

建立一个优秀的团队所需的信任是"基于弱点的信任"（vulnerability-based trust）。当团队成员完全适应在彼此面前坦诚和毫无保留时，当他们能够发自内心地说"我把事情搞砸了""我需要帮助""你的主意比我好""我希望我能做得和你一样好"，甚至"对不起"时，就会产生这样的信任。

当团队中的每个人都知道其他人会开诚布公，没有人会隐藏自己的弱点和错误的时候，彼此就建立了一种深入的、非同寻常的信任。人们能够更自由、更大胆地彼此交流，不会浪费时间和精力装腔作势。

基于弱点的信任的核心思想是人们愿意放弃他们的骄傲和恐惧，为了团队的共同利益牺牲自我。虽然刚开始的时候会感到害怕和不舒服，但最终它会让人们得到一种真正的心灵解脱。放心，这不是鸡汤理论，无论你所在的团队是刚刚组建的，还是在不太信任的环境中工作多年的，基于弱点的信任都是可以实现的。

> **小贴士**
>
> 强制要求团队成员开诚布公，坦言自己的弱点和限制，显然是不现实的，因此我们需要从一种自愿的、循序渐进的方式开始。比如，可以组织团队在一个安全的、放松的环境（一定不要在办公室的会议室）中进行一个简单的活动，让每个人在大家面前简单地介绍一下自己童年的成长经历，例如：自己在哪里出生和长大，童年对自己影响最大的人，童年自己面对的最大的困难和挑战是什么……相信我，这样的活动是非常有效的。无数次的实践经历告诉我们，每次活动后团队成员都会更加体会到什么是"弱点"、什么是"信任"。

还有一个重要问题需要澄清：是不是团队信任与团队在一起协作的时间成正比，即时间越长，信任度越高？

事实不是这样的。团队建立信任的关键不是时间，而是勇气。因此建立团队信任的唯一方法就是放下骄傲和恐惧，不遗余力地敞开心扉，毫无保留。

2. 善用三策，掌控冲突

充分理解良性冲突对团队的价值，可以让我们鼓起勇气，拥抱冲突。但在现实中，我们掌控38℃冲突是有策略方法可循的。掌控38℃冲突可以分为上、中、下三策。不同于一般人的理解，从重要性排序的角度看，上策更趋近于我们希望运用的理想方法，中策是我们应该具备的方法，而下策往往是我们必须掌握的方法，也是现实中应用最多的基本功。因此，我们先从掌握下策开始。

关键对话是掌控38℃冲突的下策，必须有

关键对话指的是两个人之间的一种讨论，这种讨论具有三个特征：彼此观点不同、彼此带有强烈情绪、谈话可能会有让彼此关系彻底破裂的高风险（见图2-7）。

图2-7 关键对话的三个特征

人的一生总会经历不同层面的关键对话，每次关键对话都应该是难忘的，可能是父母与你、配偶与你、孩子与你、领导与你、同事与你、朋友与你等。在这些关键对话中，你听到了真话，即便是那样刺耳，也对自己产生了巨大的影响。

38℃冲突通常可以通过关键对话进行，掌握关键对话"3+2"，也就掌握了38℃冲突的必杀技。图2-8描述的是关键对话"3+2"模型。

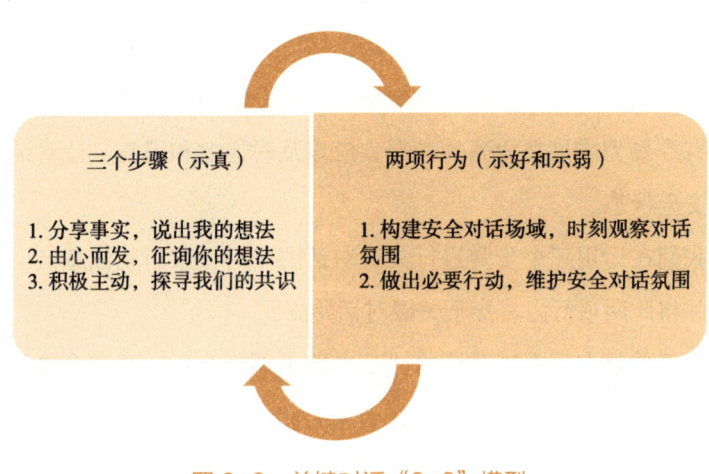

图2-8 关键对话"3+2"模型

其中，"3"指关键对话的三个步骤：

步骤一，分享事实，说出我的想法。从一个对方具体的行为事件出发，表达自己的观点。对事实行为澄清，而不是对人本身强硬。

步骤二，由心而发，征询对方的想法。有耐心地、真诚地邀请对方讲出自己的真实想法。探寻对方真实的利益诉求，而不是对方的立场是什么样的，因为利益才是立场背后的根源所在。

步骤三，积极主动，探寻双方的共识。不要试图说服对方接受自己的观点，也不用证明谁更强大，而应该积极寻找可以达成共识的第三种方案，即共赢的解决方案。

"2"指关键对话的两个行为：

行为一，构建安全对话场域，时刻观察对话氛围，即示好。关键对话中，构建能够让彼此坦诚相待的安全对话场域非常重要。这个场域不仅指物理环境的私密和安全，还包括关键对话时机的选择。一般来说，非工作场所和非工作时间对双方而言，都是相对安全对话场域的重要构成部分。在关键对话的过程中，对话氛围会随着对话的深入而发生变化，因此，我们要时刻留意观察对话氛围是否还安全。

行为二，做出必要行动，维护安全对话氛围，即示弱。如果发现对方有冷暴力或热暴力两种倾向，应该及时道歉和澄清，让对话氛围恢复安全状态。

我们在运用三个步骤进行关键对话的同时，应时刻注意自己的行为，并将此两项行为贯穿于关键对话始终。

人们总是询问关键对话的"三步骤+两行为"有没有拿来就用的具体话术？我们的答案是没有，因为人和人的表达习惯存在差异，同样一句话，不同的人一字不差地说出来给别人的感受也会千差万别，因此在综合使用关键对话的时候，要尽量找到符合自己表达习惯的表述方式。

对很多人来说，在关键对话中让冲突能够达到38℃的理想状态是一个难点，因为大多数情况下，这些冲突场景最终都会成为一种不温不火的状态。烧不起来，解决问题也就无从谈起了。

破解这个难题可以从团队冲突的 PAR 模型谈起。P 是 purpose，指目的冲突；A 是 approach，指方法冲突；R 是 relationship，指人际冲突。

团队中的冲突常常表现为以下三种情形（见表2-5）：目的冲突、方法冲突和人际冲突。

表 2-5 团队冲突的三种情形

情形	冲突点	冲突表现	举例
目的冲突 purpose	做什么的目的 why/what	不理解	我们现在是不是一定要启动这个项目
方法冲突 approach	如何做的偏好 how	不喜欢	这个周报模板是你的要求，而不是我的
人际冲突 relationship	个性特征的不同 who	不信任	你是个没有责任心的人

首先，通过 PAR 模型，我们可以界定冲突情形，精准定位冲突点，这样才能破除顾左右而言他的遮掩，有的放矢地直入主题。

其次，人们在面对冲突的时候，总会有这样或那样的理由对冲突点进行快速而"合情合理"的解释。大事化小，小事化了，从而避免冲突的升温。因此，从过往的经验来看，触及"不信任"的人际冲突相较"不理解"做什么的目的冲突和"不喜欢"怎么做的方法冲突，没有什么错误归因可找，是最能升温到 38℃的。试想一下，如果有人和你谈到你的做法影响到了你在他心目中的信用，一般来说，你一定愿意说些什么，而不是保持沉默，抑或是敷衍了事。

制定团队 38℃冲突契约是中策，应该有

38℃冲突契约形成于团队组建初期，它承载了一个团队的成员对于如何进行良性冲突的共识规则和承诺。38℃冲突契约的根本目的就是鼓励冲突、加剧冲突。这个契约需要展示在团队成员的工作环境中，比如会议室或"war room（作战室）"，目的是在团队协作的时候可以出现在每个人的视野里，不断提醒每个人遵守它。

38℃冲突契约的形式很简单，就是一个团队发生冲突时团队成员行为的正负面清单，即团队成员进行良性冲突，什么行为和做法是被鼓励的，什么行为和做法是被禁止的。

38℃冲突契约没有标准模板，要根据团队成员的实际状况自己讨论决定，按需不断完善。例如在一个内向的、不善言辞的团队中，我们可能要达成这样一个共识规则：团队会议的时候，每个人都需要发言。而在一个外向的、极具表达张力的团队中，我们则可能要达成这样一个共识：团队会议的时候，每个人的发言不要超过3分钟。

38℃冲突契约不需要分享给任何团队以外的人，它的内容要言简意赅、表达准确，并且需要根据团队的发展和实时状态不断更新迭代。重中之重就是38℃冲突契约的内容需要每个团队成员的共识和承诺。表2-6中列出了一些38℃冲突契约的内容，大家可以进行参考。

表2-6　38℃冲突契约示例

- □ 勇于表达"我错了"
- □ 直接沟通，不绕弯
- □ 表达积极，不抱怨
- □ 问本质问题，提务实建议
- □ 得出结论，再换话题
- □ 实话实说，不惧"冲突"
- □ ……

红红脸、出出汗，善用团队有效性练习防微杜渐是上策，尽量有

即使人们可以掌握38℃冲突的所有技巧，也不会由衷地喜欢冲突，这是人性使然。团队中，有没有一些相对简单的方法可以防微杜渐，类似于打预防针，对团队起到保健功能呢？有的。下面我们介绍一种常见的团队保健方法——团队有效性练习（见表2-7）。

团队有效性练习一般有四个步骤：

第一步，团队领导者接受来自全体成员的逐一反馈。

第二步，团队领导者要逐一记录团队成员的全部反馈，并在对自己的反馈结束时，进行快速回应和承诺。

第三步，团队成员依次接受来自于其他团队成员的逐一反馈。

第四步，每名团队成员要逐一记录其他团队成员对自己的全部反馈，并在对自己的反馈结束时，进行快速回应和承诺。

表 2-7　团队有效性练习

步骤	活动	内容
一	团队领导者接受来自于全体团队成员的逐一反馈	□ 从上次练习到今天，团队的领导做了一件什么具体的事（或行为），你认为这有助于团队目标的实现，你想对团队领导者表示感谢 □ 从上次会议到今天，团队的领导做了一件什么具体的事（或行为），你认为这无助于甚至会影响团队目标的实现，你建议团队领导做出改变
二	团队领导者要逐一记录团队成员的全部反馈，并在对自己的反馈结束时，进行快速回应和承诺	□ 哪些建议自己在短时间内可以改变或调整 □ 哪些建议自己在短时间内无法改变，需要大家的理解和包容
三	团队成员依次接受来自于其他团队成员的逐一反馈	□ 从上次练习到今天，他做了一件什么具体的事（或行为），你认为这有助于团队目标的实现，你想对这位成员表示感谢 □ 从上次会议到今天，他做了一件什么具体的事（或行为），你认为这无助于甚至会影响团队目标的实现，你建议这位团队成员做出改变
四	每名团队成员要逐一记录其他团队成员对自己的全部反馈，并在对自己的反馈结束时，进行快速回应和承诺	□ 哪些建议自己在短时间内可以改变或调整 □ 哪些建议自己在短时间内无法改变，需要大家的理解和包容

当练习结束的时候，团队中的每个人都得到了其他人对自己的反馈，也对其他人进行了反馈。做到位的团队有效性练习，就是几乎所有人在红了脸、出了汗之后，心悦诚服且彼此充满感激。关于团队有效性练习，还有以下三点特别提醒团队领导者注意：

（1）团队有效性练习需要定期进行。练习可以与团队的定期会议结合起来，作为会议的一个议程。

（2）控制好时间。对每个人的反馈时间不要超过10分钟。

（3）时刻注意不要犯先入为主的主观主义错误，一切反馈从人们所做的具体的事（行为）谈起，而不要主观地扣帽子、打棒子。

当团队有了明确目标之后，团队领导者要大胆鼓励和激发冲突，因为38℃冲突会为团队赋能。不用担心那些最具杀伤力的人际冲突，因为人与生俱来的包容性会在一定时间内帮助彼此接受对方的弱点和缺点。

这些要点要牢记

- 招募理想的团队成员永远是创建团队时的第一要务。
- 共启愿景是让团队产生共鸣的最佳手段。
- 共识目标的过程其实是团队凝聚共同利益的过程。
- 不会讲故事，怎么带团队？
- 冲突是一个团队能量的源泉。
- 掌控38℃冲突的上、中、下三策：团队有效性练习、冲突契约、关键对话。

03

任务执行前期，团队分工

> 上百次的沙盘观察下来，最终获胜团队的领导者都不会过早地按下大家合作的快捷键。因为他们知道成员任务分工的重要性，而且会反复确认这种分工的明确性。
>
> ——"传奇动物园"团建沙盘首席教练 刘磊

起点效应：起点在整个事情发展的进程中具有非常重要的作用，会一直影响到终点。

从筛选理想的成员组建团队开始，随着时间的推移，团队进入任务交付阶段，团队会议日渐频繁，重心也从偏务虚的团队热身磨合转移到了更加务实的任务交付和问题解决与决策。

在这个阶段，团队领导者一方面要借力起点效应的作用，择机启动团队具体任务的交付，争取第一个快赢里程碑目标实现；另一方面会面临一个重要的课题：如何基于合适的人做合适的事这个任务分配原则进行细化分工，即做好人员和任务的最佳适配。因为有效分工是良好合作的前提和基础，它让个体能充分发挥自身的技能和专业知识，从而显著提升个体效能。

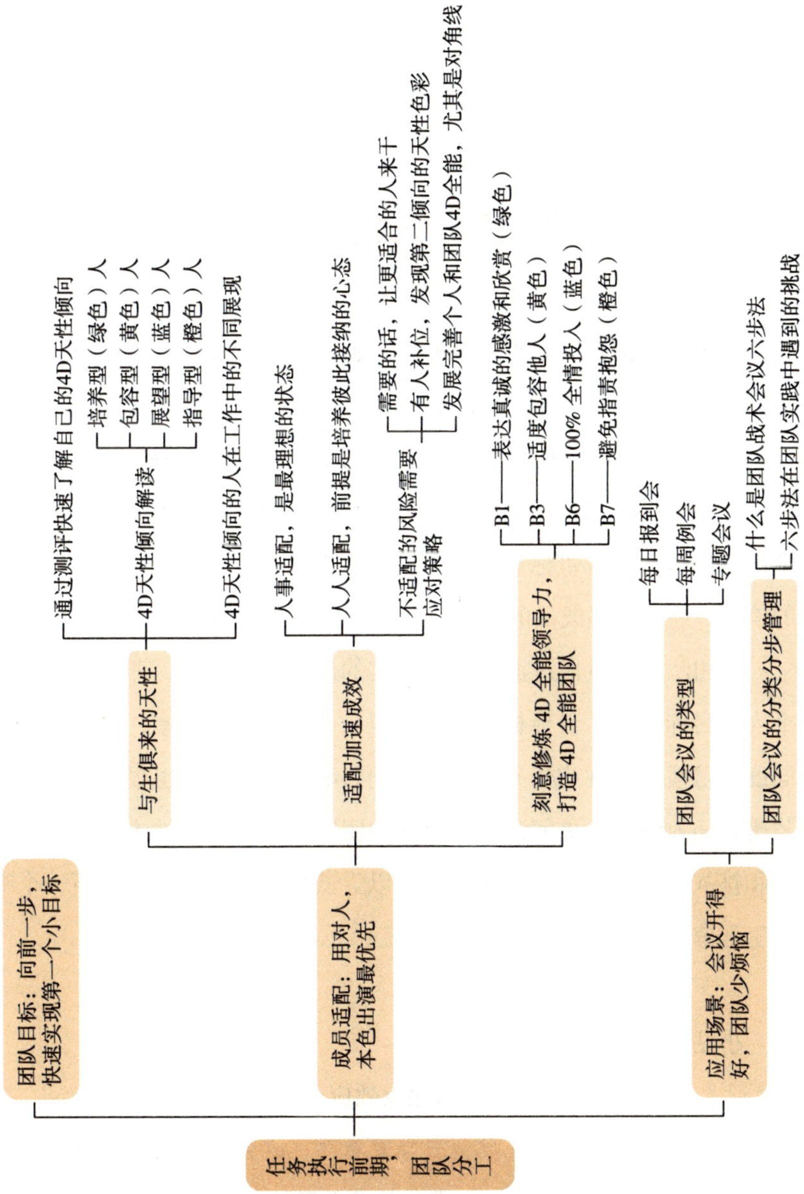

03 任务执行前期，团队分工 | 067

任务执行前期，团队分工

团队目标：向前一步，快速实现第一个小目标

成员适配：用对人，本色出演最优先

与生俱来的天性
- 通过测评快速了解自己的4D天性倾向
- 4D天性倾向解读
  - 培养型（绿色）人
  - 包容型（黄色）人
  - 展望型（蓝色）人
  - 指导型（橙色）人
- 4D天性倾向的人在工作中的不同展现

适配加速成效
- 人事适配，是最理想的状态
- 人人适配，前提是培养彼此接纳的心态
- 不适配的风险需要应对策略

刻意修炼 4D 全能领导力，打造 4D 全能团队
- 需要的话，让更适合的人来干
- 有人补位，发现第二倾向的天性色彩（绿色）
- 发展完善个人和团队4D全能，尤其是对角线
  - B1——表达真诚的感激和欣赏（绿色）
  - B3——适度包容他人（黄色）
  - B6——100%全情投入（蓝色）
  - B7——避免指责抱怨（橙色）

应用场景：会议开得好，团队少烦恼

团队会议的类型
- 每日报到会
- 每周例会
- 专题会议

团队会议的分类分步管理
- 什么是团队战术会议六步法
- 六步法在团队实践中遇到的挑战

团队目标：向前一步，快速实现第一个小目标

大多数人都知道起点的重要性。起点在事情发展的进程中具有的重要作用，会一直影响到终点，这就是起点效应。从创建团队到准备开始执行任务，尽管我们很难确定正式启动任务执行的最好时间窗口，但是我们可以对起点施加影响，力争有个好的开始，争取实现团队的第一个快赢里程碑目标。这种小胜快赢不仅有助于提升团队实现目标的信心，还能增强成员的团队目标感和凝聚力。

从团队创建阶段过渡到更加务实的任务交付阶段，即使团队成员个人的目标和团队目标相当一致，但由于受到多种因素，比如规则认同度、习惯差异性或任务优先度等的影响，团队开局也极有可能遇到障碍，陷入僵局，更何况个人目标和团队目标的一致性本身就是个障碍和挑战。如果团队出师不利，可以尝试重新启动，着眼于下一个新的里程碑目标。

> **小贴士**
>
> **新起点效应**
>
> 日历上的某些日期比其他日期更重要，人们以此来划定时间的界限，结束一个周期，进入另一个周期，开启全新的一程。

这对出师不利的团队尤其有用。

问：一年中可以让你重新开始的日子有多少个？

- 每月的第一天。
- 每周的星期一。
- 每个季节开始的第一天。
- 新一年的开始。
- 某个特别有意义的日子，比如司庆日、节日、纪念日……

新起点效应能让我们摆脱过去的窘境，重新开始，从而更加专注于当下目标，也可以帮助我们有效避免过度陷入日常繁杂的细节之中。所以，对一个开局不利的团队来说，为了稳定局面，团队领导者可以尽早找到一个对团队有特别意义的时间点作为新的起点，重新开始，彻底摆脱出师不利的影响，帮助团队尽快回到正轨。

成员适配：用对人，本色出演最优先

千里之行，始于足下。从筛选理想的成员组建团队开始，随着时间的推进，团队进入具体的交付阶段。这个时候如何基于合适的人做合适的事这个基本原则进行有效分工，就成了团队领导者面临的首要课题。

如何进行明确的人员角色分配和任务分工，理论方法已经相当成熟，成功案例也十分丰富，但理论更关注人员显性的专业素养和能力。实际上，由于团队任务的多样性，有些任务甚至是模糊、独特、复杂的，如果只考虑一个人显性的专业技能或过去的能力分配角色任务，就容易掉进团队任务分工的大坑中——认为每个人都是理性的，只要考虑了能力，明确了任务，团队成员有了承诺，他们就会全力以赴，高效执行，最后很好地达成任务目标。

无数经验教训告诉我们，团队任务分工和角色分配不仅要考虑成员显性的和理性的能力特征，更不能忽略一个人所具有的隐性天性特征，也就是我们常常说的不戴面具的本色出演。人的隐性天性常常导致出人意料的糟糕局面甚至极端行为，尤其是在高压力、快节奏的环境中。

> **案例** **蝎子就是蝎子**
>
> 一只蝎子要过河，但蝎子不会游泳，正当它要放弃的时候，一只青蛙游过来。蝎子喊道："青蛙老弟，请把我捎过河吧。"青蛙回答："我才不呢。你要蜇我的话，我们两个都会淹死。"蝎子说："我怎么会蜇你呢？我不会那么蠢的。"青蛙想了想说："那好吧，跳上来。"于是它们出发了，游到河中间，青蛙感觉背上像被针刺了一样，它赶忙说："天哪，你要把我俩都害死了，你为什么要蜇我？"蝎子回答道："因为蝎子就是蝎子。"
>
> 有的人会按照天性做事，即使这事对他没什么好处。对他来说，天性胜过理性！

1. 与生俱来的天性

现在请你拿出一张纸，在上面写下你的名字，然后换另一只手再写一遍。你的感觉如何？通常来说，人们觉得用不习惯做事的手写得更慢更难，而且写出来的字比较难看。那么用手习惯是天生的吗？科研人员曾经做过研究，习惯用哪只手是基因遗传的。尽管我们常常同时使用双手做事，但绝大多数人都有特定的用手习惯，不是左手，就是右手。

每个人的独特基因与成长环境、人生经历会共同塑造出人的独特品性，我们称之为天性。这层天性有着较强的稳定性，换句话说，不通过巨大的努力是难以改变的。尽管在人的一生中，经由丰富的职场、家庭经验，会慢慢形成更多的素养、能力、行为方式，但这层天性底色始终存在。不信的话，请你思考一个问题——

回想你曾经遇到巨大压力的时刻，你的表现如何？

当压力程度超出人们日常培养的行为准则所能承受的范围，人的天性随即表露无遗。那个卸下面具的你如此不同，可能会让周围人惊讶得张大嘴巴，而那才是你真实的样子。

> **案例** **"杀人游戏"中的天性释放**
>
> 以前有个非常流行的"杀人游戏"。这个游戏以法官说"天黑了，请闭眼"开始。一群人基于摸到的扑克牌获得"警察""杀手""平民"等角色，并通过一轮轮的轮流表达和相互观察来猜测谁是杀手，最终以杀手全部被指认，或警察/平民全部被杀结束游戏。有段时间我们的团队非常热衷于这个游戏，每逢团建必玩。很多年后，一次对天性话题的讨论中，一位当年的同事对我说："你在杀人游戏中的样子，和平时太不一样了！直到今天我都还记得你兴奋的样子，那时候是否才是你的天性？"
>
> 在"杀人游戏"中，我完全做不了法官，因为从来记不清楚谁被杀了、谁是什么角色，这非常不同于我在工作中的表现——工作中我向来都条理清晰、思路缜密，被称为"日程表杀手"；在游戏中我异常善于伪装并能够凭直觉很快发现谁是杀手，这直接导致我常常在第一轮就被杀手干掉。工作中人们看到的我无比理智、踏实，从来没有见过我如此感性和诡异的一面。玩"杀人游戏"的时候，我会兴奋得满脸通红、满眼放光，完全不是平日那个稳重、冷静、理性的自己。我的同事告诉我时，我猛然意识到，玩游戏时的我正是我年轻时的样子，而那可能更接近我的天性。

通过测评快速了解自己的 4D 天性倾向

4D（dimensions）卓越团队建设系统由曾任美国国家航空航天局（NASA）天文物理学部门主任的查理·佩勒林博士创立，在他任职 NASA 期间，正好亲历了以哈勃望远镜项目为代表的一大批重要天文项目。其中，哈勃瑕疵镜片造成的重大失败深深触动了佩勒林博士，于是在 1995 年自 NASA 退休后，他转赴科罗拉多大学商学院研究并教授领导学。他开始深入探究团队场域对团队成败的影响，由此开发出"4D 系统"，用以辅导 NASA 及更多组织的团队塑造健康的团队场域，促进高绩效产生。

4D 系统丰富多维而简单可行，其中核心元素之一就是 4D 天性测评。基于该测评，我们可以在团队这个大主题下找到很多可以应用的领域，比如人际沟通协作、人与事的适配、团队的能力及文化发展，等等。在探讨这些应用领域前，我们先来了解 4D 天性测评。

查理·佩勒林博士基于卡尔·荣格的心理学成果，在人类经常性的大脑活动中选取了两个维度——一是获取信息的方式，一是做决策的方式，作为横纵坐标，形成了 4D，并选择了四种不同的颜色来代表四种不同的天性，即情感直觉型（绿色）、情感感觉型（黄色）、逻辑直觉型（蓝色）、逻辑感觉型（橙色）（见图 3-1）。

下面请你来做一次测评，了解自己的天性倾向，看到内心最真实的那个自己。

4D 个人测评非常简单，总共只有两组测评题，每组七道题，每道题有左右两个表述，没有正确错误之分，没有好坏之分，你只需要选出符合你内心想法的表述并在旁边打钩即可（见表 3-1）。你也可以扫一扫"敏控创变"图标进入小程序，在"团队成员天性"分类下开始测评。

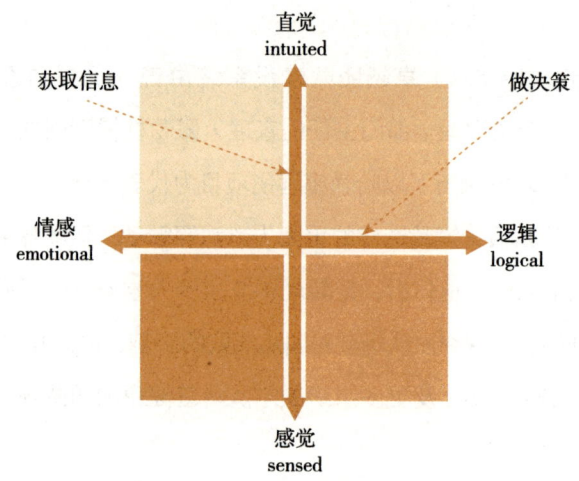

图 3-1　4D 天性测评维度

测评开始前给你三点提示：

（1）凭直觉去选择，不要分对错，不要揣测背后的意义。

（2）做出选择以后，不要检查，不要更改。

（3）不要急急忙忙开始，先让自己回想一个 25 岁之前的场景，然后安静、舒缓地置身于这个场景中。

以上三点，当你确认已经做到了，你的测试就能接近真实的天性。现在请开始动笔吧。

表 3-1　4D 个人测评

第一组（X 轴）

序号	情感型决策	请打钩 左	请打钩 右	逻辑型决策
1	基本上，关系和谐很重要			关系和谐是达到目的的手段
2	凭"感觉好不好"行事			凭"合理不合理"行事
3	首先考量的是别人的感觉			首先考量的是事情的正确性
4	倾向和谐的关系			倾向做对的事情
5	倾向跟大家达成共识后决策			倾向根据自己内心的想法做决策
6	重要的是，信赖我的感觉			重要的是，信赖我的理智
7	不喜欢冲突对立			冲突对立没什么关系
	打钩总数：			打钩总数：

第二组（Y 轴）

序号	直觉获取信息	请打钩 左	请打钩 右	感觉获取信息
1	仰赖我的内在直觉			仰赖我的观察和发现
2	偏重思考"可能是什么"			偏重思考"是什么"
3	倾向天马行空的创意			倾向显而易见的尝试
4	行事凭灵感			行事凭仔细分析
5	倾向在概念和布局上下功夫			倾向在数据与资料上下功夫
6	看重全局			看重细节
7	喜欢远大构想、变化			喜欢确定下来的东西
	打钩总数：			打钩总数：

注：以上测评引自查理·佩勒林，《4D 卓越团队：美国宇航局的管理法则》，2014 版

现在请你将第一组中打钩数更多的维度和第二组中打钩数更多的维度结合，在图 3-2 中找到自己的天性倾向象限及对应色彩。比如，如果你情感型决策打钩数为 5，直觉获取信息打钩数为 4，那么你应当是倾向于左上象限的绿色天性。这里特别说明，尽管一个人可能同时具有四个象限的特征，但其中会有一个象限表现最突出，这一突出颜色我们就定义为他的天性颜色。

4D 天性倾向解读

图 3-2 显示的是四个维度的天性，我们来一一解读。

绿色天性的人（左上）：绿色天性的人关键词是"**培养**"。他们天生喜欢帮助别人，给人以爱和欣赏，就像泥土滋养植物的生长。他们关注他人的需求和共同价值，乐于同理他人；他们喜欢思考高远的问题，比如价值观和人类未来，他们所追求的结果是在不损及别人利益的前提下成功。

黄色天性的人（左下）：黄色天性的人关键词是"**包容**"。他们天生能够包容他人，善于和大家打成一片，他们关注团队关系及和谐，以促成团队合作为乐，就像红绿灯中的黄灯。他们是人群中看起来最温和、大家最愿意接近的那些人。他们追求的结果是通过配合取得成功，而不是靠个人英雄主义。

蓝色天性的人（右上）：蓝色天性的人关键词是"**展望**"。他们总是充满无限的思考和想象，就像仰望蓝天时一样，让人充满新希望。还有一种幽默的说法是，蓝色天性的人在当众讲话时眼睛从来不看向观众，而是望向远处的天空！他们往往具有出众的才智，所以经常会产生好主意，他们追求的结果是通过把事情做到极致、做到卓越、做到新颖而成功，墨守成规的成功对他们来说没有成就感可言。

橙色天性的人（右下）：橙色天性的人关键词是"**指导**"。他们信奉组织、流程和秩序，就像太阳系的运作一样有规律，严谨而认真。他们关注确定性，喜欢做计划，以靠谱地执行为乐，会以规则和纪律来要求自己和他人。他们追求的结果是依靠一致性和规范的流程达到成功。

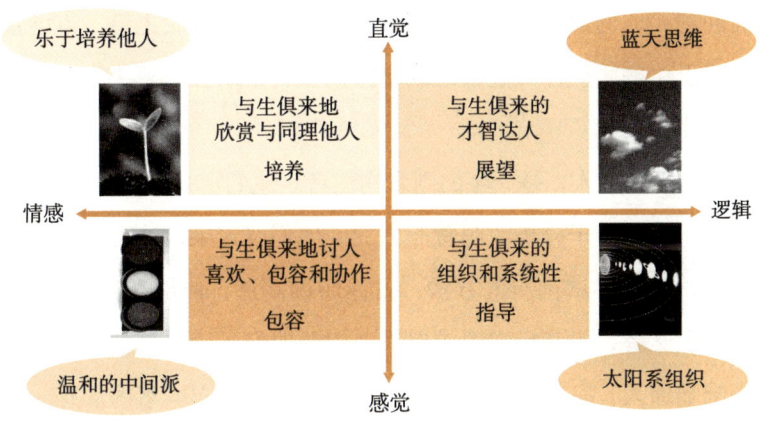

图 3-2　4D 天性倾向解读

4D 天性倾向的人在工作中的不同展现

让我们回到工作场景中，再来看看四种天性色彩的人的典型表现。

绿色天性的人，是提供价值的培育者、推动者，他们热情欣赏他人的同时也需要被他人欣赏。他们能够抓住听众的情绪，有同理心、说服力和影响力，容易与他人产生共鸣，能带动和辅导他人一起积极工作，取得进步和成功。但是他们容易情绪化，想到哪儿说哪儿，说得多干得少，遇到困难容易失去信心，做事不彻底，爱走神儿，爱找借口，健忘多变。他们擅长的岗位有人力资源经理、培训师、牧师、教练、公益工作者等，善于辅导新员工、教客户使用新产品、宣导企业文化、主持会议和引导。

黄色天性的人，是好的团队建设者、坚定的支持者。他们擅长创建和谐的人际关系，能够与很难相处的人处理好人际关系。他们温和体贴，富有合作精神，平和知足，关注当下，有耐心，感情细腻内藏，待人友善和蔼，乐于倾听。但是他们缺乏热情，不愿改变，行动慢，得过且过，害怕承担风险和挑战，不主动进取，没有主见，喜欢折中处理问题。他们擅长的岗位有客服、用户运营、行政主管、市场营销等，善于化解团队冲突、辅助或支持他人、帮助客户解决问题、建立新的人际关系。

蓝色天性的人，是天生的创意构建者。他们富有创意，洞察力强，充满好奇心，善于分析，聪慧而独立。他们坚定果敢，干劲十足，独立自主，喜欢尝试创新的方法，目标明确高远，能够在反对中成长，是完美主义者，用高标准要求自己。但是他们乐于单打独斗，沟通时显得咄咄逼人，有时候会因为过分坚持己见而激起同事的反感，不顾及他人感受，在压力下可能显得粗鲁、霸道、缺乏耐心。他们擅长的岗位有技术专家、战略顾问、项目经理，善于提出新的解决方案、探索和分享前沿的知识和信息、开发新产品、接手有风险的任务。

橙色天性的人，是制度和流程的守护者。他们遵守团队纪律，相信可靠的流程和规范，是很好的任务执行者。他们性格稳重深沉，讲究计划和效率，关注流程和细节，擅长数据分析，有逻辑，不容易出错，坚决完成任务并善始善终。不过他们也容易自我否定，始终有一种不安全感，感情内向退缩，容易怀疑他人，喜欢批评他人却不能接受别人的反对和建议，抗拒改变。他们擅长的岗位有风险专家、财务/法务人员、监察、项目中后期的管理者等，善于制定流程和制度、审核合同或其他重要文件、推动任务落地、分析数据和风险来解决问题。

2. 适配加速成效

托德·罗斯在《平均的终结》中提到，人的行为不由特征或环境决定，而由两者之间独特的相互作用决定。

4D天性测评是从天性视角去解读人的某些特质。而谈到它的应用，则需要考虑到具体的情境才更具有意义。人们的特质什么时候能发挥出优势，取决于那时那刻他处在什么情境下。相信你的身边也有不少这样的故事：有的人在一家公司带个小团队都备受争议，去了另一家公司却能负责整个部门；一家一直没法取得合作的大客户，在更换了客户经理后很快就进行了业务合作，并且逐渐成为稳定的大合同贡献者；等等。这里面的问题可能不在于人优秀与否，而在于适配。

彼得·德鲁克在他的经典著作《卓有成效的管理者》中说到，要"见人之所长，用人之所长"。见人之所长，需要我们全面深刻地认识一个人，这时候各种测评工具是我们不错的参考；用人之所长，则指出了将一个人的所长与特定的情境适配的重要性。而检验适配正确与否的唯一标准，是最终的绩效结果。

本书之所以引用4D测评，原因在于其适配情境方面独有的丰富性和易操作性。4D测评从个体、团队、任务、项目多个维度的适配上均给予我们有趣且有意义的参考。

人事适配，是最理想的状态

如同人具有天性色彩一样，在4D系统中，工作任务和项目同样具有色彩。基于你对四种天性的了解，我们一起来分析下面这些典型任务是否具有绿、黄、蓝、橙中突出的某一特性。

（1）教客户使用新产品的方法。

（2）做一场公司文化价值观演讲。

（3）调解同事与客户之间的冲突。

（4）组织一次部门聚餐团建活动。

（5）攻克一个一直没解决的技术难题。

（6）设计全新业务线的解决方案。

（7）梳理合同审批流程。

（8）处理外包人员差旅安排。

（9）筹办一场大型表彰暨年终总结会。

你有何发现？

（1）到（8）都是特定的工作任务：（1）和（2）都是在关注他人的需求，是绿色的任务；（3）和（4）都是在构建和谐关系，是黄色的任务；（5）和（6）都是在追求卓越，是蓝色的任务；（7）和（8）都是在寻求确定性，是橙色的任务。

（9）是一个项目，需要分阶段来识别特性，比如在策划初期，需要充分关注公司高管、获奖员工、参会员工的需求，需要大量跨部门的联合行动，是绿色和黄色的；之后，根据这些需求和定位确定年会的目标，由专人来策划年会的结构、内容，让年会独具特色，属于追求卓越和创造创新，是蓝色的；而后续周密的准备和年会当天的严格执行、验收，是橙色的特性。

看到这里，你是不是突然发现，原来人和事都有天性色彩？到此我们似乎可以理解，为什么有的员工做一件事情非常出色，但做另外一件事情就表现平平；为什么有的员工无论如何培养，最后还是无法胜任一项工作；为什么在同一件事情上，有些员工开始做得特别好，而随着工作的推进，表现逐渐下滑。

让我们再次回忆用习惯做事的手写字的感觉，那种流畅感就是一个人天性匹配了同样色彩的任务时所体验到的感觉。做符合天性的事，人们会更加事半功倍，更加投入和喜欢自己的工作，从而更能产生创新而富有成效的成果；而当人的天性和工作任务的色彩不适配时，或许会带来痛苦的过程和遗憾的结果。

现在还记得大学财务专业班上的一位女生，文笔娟秀细腻，令读者叹服。一位老师对她的评价令人难忘："如果她毕业去做了会计，则世界上仅是多了一个蹩脚的会计，却少了一位优秀的作家。"

作为团队的领导者，我们需要基于天性，"让合适的人做合适的事"，这样不仅员工工作得更愉快，团队的工作成效也将获得更大的保证。

人人适配，前提是培养彼此接纳的心态

现在，让我们从人事适配的情境中出来，重新回到自身——作为个体，我们如何在与他人打交道中实现适配？职场中沟通与协作是一个永恒的话题，从最微观的视角看，个体之间的相互了解和适配，是促成良好团队沟通协作的重要维度之一。

当你看到 4D 天性倾向的解读部分时，不知道你有什么样的感想？这四种天性的人如果成为你的同事，你觉得他们谁会更有优势，或更可能是你的理想同事？答案或许是他们各有优势，又各有需要我们包容的特点。

在我们主持过的各种性格解读工作坊中，仅了解彼此的不同特质这一个活动，就已经为参加者带来了价值，因为大家突然领悟到："原来他这样特质的人就会如此行事啊（想想那只蝎子）！""其实这样的人也有他的优点。"以后再看到那个原本看不惯的同事，就没有那么别扭，打起交道来对抗性情绪就会弱化，从而给彼此创建良性的对话氛围。

我们要在心底接纳对方作为一个完整的人所具备的各种特点，包括"优势"与"劣势"。更重要的是，不要轻易将这种天性特质间的

冲突上升为关系冲突甚至人格冲突。

> **小贴士**
>
> ### 与不同天性色彩的人打交道的策略
>
> 关于什么才是和特定天性色彩的人打交道的正确方式，并没有标准答案。因为情境总在变化，需要基于个人的理解采取灵活策略。以下三种方法供大家参考。
>
> 第一，有意识地评估一下自己的重要利益相关方的天性色彩。如果他们乐意参与测评，甚至愿意就结果和你探讨，那就更完美了。在日常交往中，要刻意思考你的沟通方式和内容如何适配对方。
>
> 第二，特别注意和你处在对角线的相关方。因为对角线往往是你最为薄弱的部分，同时，处在对角线的他也很可能让你"看不顺眼"，甚至容易发生冲突。譬如蓝色天性的人对黄色天性的人最典型的评价可能是："除了搞关系，你还有什么真本事？"而黄色天性的人对蓝色天性的人则会说："瞧你不可一世的样子，可团队里有谁愿意跟你合作？！"同时，我们看到的很多实例展示了有趣的反转——两个处在对角线的工作伙伴，经过磨合成为让人羡慕的完美搭档。
>
> 第三，放弃改变他人，或让他人来适配自己的念头。请你放弃"他们为什么不来理解我的想法"的想法。因为人们从来不会因你改变，尤其是你的关键利益相关方，比如你的上司、客户或配偶，他们更没有可能改变自己来适配你。

不适配的风险需要应对策略

4D系统为我们做好适配提供了很好的参考。从事适配的工作让员工们更有工作热情并更富有成效，适配的供应商也让客户感到无比舒畅。然而我们都明白，这是理想团队的状态。现实情况是，我们并没有那么多资源去做到完美适配，让人抓狂的是，你甚至无法替换掉团队的任何一个员工，更加换不掉你的客户和上司！

团队面临完成任务的资源限制是常态，在项目团队中，这会变成项目成立的假设前提，即"必须有这样的人，任务才能搞定"，或者被识别为风险，即"我们缺乏这样的人，所以存在某种风险"等。

不适配带来的风险，在对角线上会展现得更显著。

（1）绿色天性的人在面临橙色任务和人际压力的时候，更容易陷入情绪化而回避工作。因此要避免为绿色天性的人安排讲求执行细节、时间紧迫且需要按时交付的任务。

（2）橙色天性的人在压力状态下很难真正关心他人的事和真诚欣赏他人，会显得不近人情，所以不要指望橙色天性的人可以把生气的客户安抚得很好。

（3）黄色天性的人在面临压力时，他们无法目光长远，喜欢纠结于关系和自己的感受。因此，在遇到巨大困难和挑战任务时，不要让黄色天性成员来"担此重任"，他们可能会感受到巨大的压力而惶惶不可终日。

（4）蓝色天性的人在压力之下，他们会忽略团队其他成员的存在，强推自己的想法而失去与伙伴的联结。因此不要将那些非常需要团队共创和大量沟通协调的任务交给蓝色天性的人，这很可能会让一群人都充满挫败感。

人事适配，人人适配，这是理想团队的状态。理想很丰满，现实很骨感。适配的人不是说找就能找到,因此很多团队面临的首要问题是为不适配的风险找到应对策略。

策略一:需要的话,让更适合的人来干。

在查理·佩勒林博士的《4D 卓越团队:美国宇航局的管理法则》一书中,他多次提及关键时刻"换将"的策略。当我们了解这些故事情节都来自于 NASA 那些时间和技术上极为挑战的太空项目时,或许我们能更多体会"换将"的必要性——当一个天性色彩与任务不匹配的人居于团队领导位置时,痛苦的不只是团队的相关方或团队成员,还包括这位领导者自己,毕竟,天天用不习惯的手写字,那是一种多么大的折磨!

策略二:有人补位,发现第二倾向的天性色彩。

如果"换将"对你的团队来说不可行,而不适配的潜在风险又极高,则必须有一个补位策略,让不适配的坑不至于过大。那么谁来补位?或许寻找第二天性倾向适配的成员来担当重任是一种策略。

在做自我 4D 测评的时候,你是否发现你在某两个象限间的得分非常相近?你可能是绿色偏蓝色,也可能是蓝色偏黄色或其他颜色,得分居于第二位的色彩就是你的第二倾向色彩,不用花费太大力气,只需稍加发展就有机会适配相应的任务。

比如一个蓝色偏橙色天性的成员,你如何让他把第二天性的橙色发挥出来呢?方法有很多种,比如:协助他制定一个符合 SMART 原则的目标,以及一份周密的工作计划,安排人手在适当的时候提示他任务完成的最终时限;你也可以简化管控,只在最关键的节点上获得他的承诺,虽然管控点不多,但承诺了就必须做到——这是你可以让蓝色天性的人明白的道理。

策略三：发展完善个人和团队 4D 全能，尤其是对角线。

作为个体，无论你的天性本色是哪种，你都需要做到 4D 全能。尤其是蓝色、橙色天性的领导者，你或许可以找到蓝色天性的牛人来解决技术难题，也可以把橙色的工作授权给适配的下级，但却不能把绿色的"培养"和黄色的"包容"工作请他人代劳，你必须学会自己做。当你在团队中职位越来越高时，绿色和黄色天性相关的能力会变得越来越重要。

作为团队，当你们的主导文化色彩无比浓烈的时候，需要注意团队的亚文化色彩的发展。假设你的团队和世界上大多数团队一样是橙色主导文化，那么你需要去尊重其他颜色亚文化的存在，不要强迫他们接受橙色的价值观和流程。要知道，各种亚文化，或者说各种天性的成员，都有其独特的优势。

——你需要"蓝色"亚文化去做产品和流程创新，太多的橙色管理方法会限制他们的创造力。

——你需要"黄色"亚文化去做营销，开创优质客户，维系良好的客户关系，太多的橙色会让他们产生抵触心理，无法专注于做好客情维系。

——你需要"绿色"亚文化去关注团队和个体成员的发展，太多的橙色会让大家觉得自己变成了干活机器，没有任何希望和职业发展的未来。员工发展是团队领导者的主要责任，如果没有"绿色"亚文化存在，优秀的人迟早会选择离开团队。

在一个高绩效的团队里，我们将会看到如下四种色彩文化的共存及相互支撑，而这是成就理想团队所必需的状态（见图3-3）。

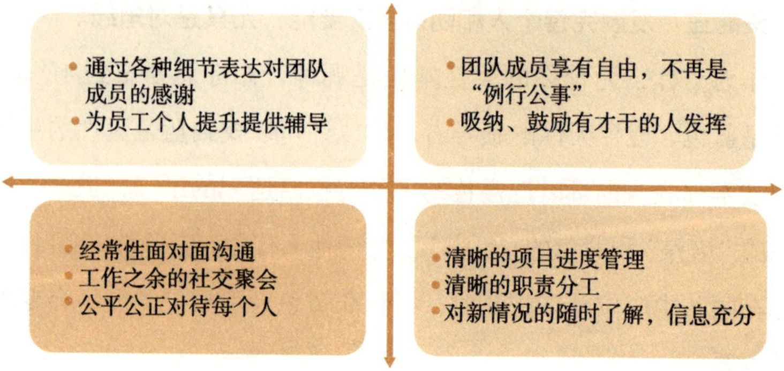

```
┌─────────────────────┬─────────────────────┐
│ • 通过各种细节表达对团队  │ • 团队成员享有自由，不再是 │
│   成员的感谢         │   "例行公事"          │
│ • 为员工个人提升提供辅导  │ • 吸纳、鼓励有才干的人发挥 │
├─────────────────────┼─────────────────────┤
│ • 经常性面对面沟通    │ • 清晰的项目进度管理    │
│ • 工作之余的社交聚会   │ • 清晰的职责分工       │
│ • 公平公正对待每个人   │ • 对新情况的随时了解，信息充分 │
└─────────────────────┴─────────────────────┘
```

图 3-3　四种色彩文化的共存及相互支撑

3. 刻意修炼4D全能领导力，打造4D全能团队

当个人或团队具有明显的主导天性颜色时，其他颜色可能会略显黯淡甚至变成灰色，而修炼 4D 全能的过程，就如同为这些黯淡的部分涂敷上色，最终呈现出四种颜色的高亮状态。修炼个人 4D 全能领导力和打造 4D 全能团队本质上是一回事，这是因为同一个团队里个体相互作用会形成健康的场域，而场域反过来又会影响所有个体的表现。尽管佩勒林博士给出了我们实现 4D 全能的八项修炼行为（8B，8 behaviors，见图 3-4），但经过我们的实践和调研，其中的四种行为（4B，分别是 B1、B3、B6、B7）相对而言，更容易在团队中快速有效推行。

在实践中，要基于你和你的团队的 4D 天性颜色，找到你（们）最想提升的那种颜色，并参考如下相关颜色里的对应行为进行刻意修炼。

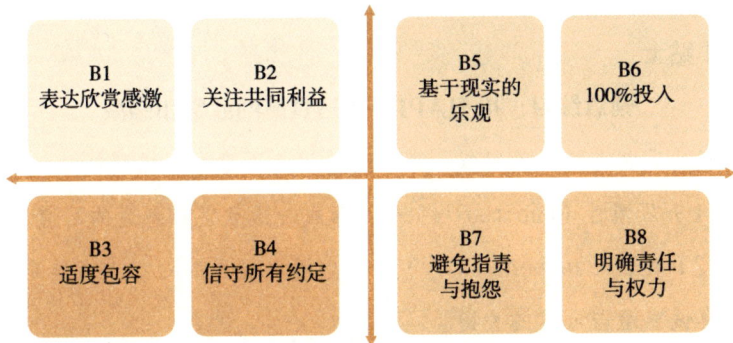

图 3-4 修炼 4D 全能的八项行为（8B）

B1——表达真诚的感激和欣赏（绿色）

特蕾莎修女说过："人们对爱与感激的饥渴远远大于对面包的饥渴。"

感激和欣赏不仅是给他人的礼物，更是对自己的馈赠。一次感激和欣赏的行为会激励他人重复被感激和欣赏的行为，从而形成相互的正向循环。关于感激和欣赏的神奇力量，所有曾经感受过它的人都心领神会。而人们面临的更大挑战在于：感激和欣赏往往不容易说出口，尤其在东方含蓄的文化里。

心理学家认为，人们外在的言行根植于内心深处的人生模式，而改变模式非常不容易。好消息是，有一些心理流派，譬如 NLP（神经语言程序学）发现，改变人的外在言行会影响人们内在的模式，他们用大量的实践验证了这一理论的有效性。所以，冲破内心的模式阻碍，形成经常性对他人表达感激与欣赏的习惯，需要的是持续的刻意练习。

> **小贴士**
>
> **刻意练习：用 HAPPS 表达真诚的欣赏和感激**
>
> 表达欣赏与感激的时候，请试着使用如下五个小原则：
>
> （1）习惯性（habitually）——养成表达欣赏与感激的习惯。
>
> （2）真诚（authentically）——生活在感恩的心态中，这是真诚感激与欣赏的关键。
>
> （3）即时性（promptly）——行为发生时立刻表达，越快越好。
>
> （4）适度性（proportionally）——表达的感激和被感激的人的行为相适应。
>
> （5）具体化（specifically）——对具体行为表示感激，越具体越好。避免重复说"干得好，你真棒"之类干巴巴的话。
>
> 如果你的工作伙伴在你临时需要处理家中急事时，帮你处理了一项紧急的工作，你可以对他说："非常感谢你，今天早上如果不是你那么热心地帮助我解决了客户的问题，恐怕客户已经投诉我了，而且你是如此的细心和高效，我非常佩服！"

我们列举了一些特别适合应用 B1 的场景供大家参考。

场景一：当团队遭遇挫折，沮丧低迷时。

这个时候，运用欣赏和感激能帮助你的团队很快将沮丧情绪调整为积极情绪。具体做法如下：

（1）问每位团队成员一个问题：在我们的团队/公司里，有什么是你想感激的？

（2）请每位成员分享答案。

（3）然后请大家彼此表达欣赏感激。请他看着对方的眼睛说：

"××，我非常欣赏（感激）你，因为……"说完后，接受欣赏感激的同事看着对方的眼睛，回应说："谢谢你。"

刚开始做这样的活动时，大家可能有些不习惯或羞涩，但经常做一做后，大家会开始更坦然地表达或接受他人的欣赏感激，团队氛围会充满愉快、积极。

场景二：和你的关键利益相关方打交道时。

诚然，我们对所有遇到的人都需要及时表达感激与欣赏之情，而关键利益相关方是其中尤为重要的一群人——他们和我们共同构建了我们的核心场域。

关键利益相关方可能是上司、客户或家人。通常我们对客户尚能表达出欣赏，感激却不常有，而谈到上司或家人，两者都很难说出口。对上司，可能是担心被人认为在拍马屁；对家人，或许心态更复杂。无论出于什么原因，对他们真诚地表达自己的感激和欣赏，都是特别值得去做的事。

B3——适度包容他人（黄色）

菲利普·斯坦霍普说："很多人都宁愿你听他讲话而不是满足他的要求。"

适度包容他人连接的是马斯洛五层次需求模型中的归属和尊重需求。包容指向的是人和人之间真正的联结，是他人感受到真的和你在一起的感觉。被包容的感觉对每个人都是很重要的。设想一下，你所在的团队组织团建活动，大家相互招呼着一起出发，唯独没有人来招呼你，你会有什么样的感受呢？

表3-2是一个团队包容度的测评表，你可以为两列对应的团队行为出现的频率打分。其中1分指"很少"，3分是"一般"，5分说明"经常"。

表 3-2　团队包容度测评

包容不足的相处模式	打分	包容过度的相处模式	打分
开会的时候，只有领导者说话，团队成员没有参与讨论的机会		对破坏纪律的人，没有任何处理，如迟到早退、开会缺席	
会上发表的想法会马上被压制或否定		会上大家经常跑题或闲聊，会议时间总是拖延	
有很多惩罚措施，类似迟到罚款		没有惩罚的制度，基本靠自觉	
人们会突然发脾气、指责别人		总是表扬和赞美，难以批评或指出别人的问题	
不容许犯错，任何错误都有严重的后果		对经常出错的人总是原谅和纵容	
官僚主义、一言堂，不采纳任何建议		因为照顾每个人的想法，而难以决策，难以达成团队目标	

　　如果以上包容不足或包容过度的得分大于 23 分，并且远远高于另一组的得分，你所在的团队可能就不是拥有适度包容氛围的团队。包容过度即纵容，意味着不太关注团队目标的达成；而包容不足会让团队成员感到被忽视、排斥或苛责，忽略了大家都是活生生的人，工作变成了毫无感情的例行公事。

　　想让他人感受到更高层面的被包容和被联结，我们需要放下骄傲和恐惧，勇于摘下面具，以真实的自我和他人交往。对于团队领导者而言，尤其在职级逐渐提高后，这会是一个很大的挑战。但转变实现的那一刻，将是其领导力的又一次飞跃。

B6——100% 全情投入（蓝色）

　　W.N. 莫雷在《苏格兰喜马拉雅远征》说："当一个人完全投入的那一刻，天意也会随之而动……一系列人们从未梦想到的事……会一桩一桩接踵而至……"

关注点所在，改变之所在。

心理学有个经典用语叫"选择性消极关注"，指的是人们发生功能失调时，潜意识里会有所选择地关注那些消极面。比如童年时形成情感疏离的心理障碍的人，成年后的社交中也特别敏感于那些不被别人包容的经历，从而强化了一种信念，即"我是一个不值得别人关爱的人"，从而陷入恶性循环，与他人日渐疏离。反过来，当我们"选择性积极关注"某些事情，百分百投入某些事情时，同样在持续强化相关的积极信念，并在行为上显现。当整个团队的人都积极投入到共同的事业中时，这种积极信念会以某种频率对团队场域带来影响，并产生一系列的改变，包括积极成果的实现。

百分百投入，是一个关于别人的故事。我们常常从名人传记中了解到这些人是如何全身心投入自己所追求的事业的，他们遭遇了无数失败和质疑才最终获得了成功。面对"人是否应该具有百分百投入的心态"这个问题，多数人的答案是肯定的。问题在于，我们如何才能做到百分百投入？

讨论如何做到百分百投入前，我们先要明确自己想在哪些方面做百分百投入。请拿出一张纸进行投入百分比练习（见表 3-3）。

表 3-3　投入百分比练习

请在空格处写上你目前的投入度
个人：我____% 投入_____
工作：我____% 投入_____
家庭：我____% 投入_____

你或许一直以为自己在某个方面是百分百投入的，但当你做这个

练习时，你会发现自己其实并没有做到。比如你打算今年百分百投入参加一次马拉松，可直到今天都没有开始你的第一个 5 公里跑。反思一下这是什么原因，是因为跑马拉松并非你真心拥抱的目标，还是因为受到了其他方面的干扰？

能否百分百投入和个人及团队愿景有很大关系。我们所期待实现的那个未来场景，不仅要明确具象，对于愿意挑战的人来说，还需要高远。因为高远的目标更能持久激发百分百投入。回顾你过去人生中曾经有过的那些百分百投入的时刻，是什么在牵引你坚持和专注？

特别适合应用 B6 的场景如下：

在一些与目标有关的情境下，你可以考虑和团队一起做百分百投入练习。比如年初制订全年团队计划和个人计划的时候。

在每个团队成员都填好了自己的百分百投入表后，可以轮流分享一下自己的内容，同时可以分享做这个练习中自己的发现。曾经有人做完这个练习后说："我发现自己给孩子的投入居然只有 30%，而且全放在安排吃喝穿用上，好久没认真地陪陪孩子了。"也有人说："我对这个项目的投入度只有 50%！我其实真的不太喜欢这个项目，是时候考虑退出了。"

你也可以在一些非正式的场合下，请团队每位成员反思，工作中对他来说什么最为重要，什么是他这一生想要去的方向？团队的每个人都需要找到自己愿意百分百投入去创造的事，包括领导者自己也需要。找到这件事以后，你和你的团队成员将获得一种超乎寻常的坚韧力量，支持你们全力以赴，共渡难关。

B7——避免指责抱怨（橙色）

张德芬老师说："抱怨是最消耗能量的无益举动。"

"这个客户真的太难应付了，唉，没办法，谁让人家是客户。"（受

害者状态）

"要是你早点跟我说，就不至于出这么大的问题！"（指责者状态）

"算了算了，还是我来做吧。"（拯救者状态）

"无所谓了，反正我也不是一辈子在这里工作。"（理智者状态）

以上这些话听起来是不是挺耳熟？职场或生活里，到处充斥着类似的声音，听到的时候你一定能感受到底下涌动的负面情绪。十多年前，《不抱怨的世界》这本书连同附赠的紫色手环非常畅销，直到今天，这本书仍然在励志类畅销书榜上——看来这世界依然非常需要它。

觉察到负面情绪和情绪下面的内心戏，然后调整成为正面的内心戏及表达，把抱怨他人变成请求行为就是一副最简单有效的良剂："现在请您开始做×××可以吗？"

> **案例** 尝试将你的负面内心戏改写成正面内心戏
>
> **负面内心戏**："我如此真诚，为什么他们这么狭隘？就因为我以往和他们没有交情吗？"（指责者）
>
> **正面内心戏**："我并不十分了解他们，他们或许是非常包容的人，这需要我去更多了解他们。"
>
> **负面内心戏**："唉，感觉好孤独，想要融入一个团队太难了，我已经很尽力表达我的真诚了。"（受害者）
>
> **正面内心戏**："我的真诚是被团队的很多人看到的，不然他们也不会欢迎我加入。我只是需要更主动地让大家多了解我，和大家建立深度的信任。"
>
> **负面内心戏**："无所谓了，又不是非得和他们在一起，我还可以找到和我更投缘的伙伴。"（理智者）
>
> **正面内心戏**："这是个特别优秀的团队，有很多值得我学习

的人和事，我应该珍惜和大家在一起共事的机会。"

负面内心戏："我要加倍表现出对他们的诚意，让他们接纳我，喜欢我。"（拯救者）

正面内心戏："健康的关系是平等的。我真实地表达自己就好，不需要在意是否被别人喜欢。即使真的不被接纳也没关系，我已经尽了最大的努力，不遗憾。"

改写了内心戏后，请尝试体会自己情绪上的变化。是否发现自己有了一种新的、更自信从容的力量，让你能够重启，用新的、健康的方式去处理你的困境？

团队领导者需要理解，这四项行为满足了人人希望被认可和感激、希望感受到归属感、希望获得有希望的未来、希望有成功的能力的内心需求。

当团队开始"表达真诚的欣赏与感激"时，人们开始塑造绿色的团队场域；

当团队开始"适度包容他人"时，人们开始塑造黄色的团队场域；

当团队开始"百分百投入"时，人们开始塑造蓝色的团队场域；

当团队开始"避免指责与抱怨"时，人们开始塑造橙色的团队场域。

当整个团队都开始有意识地调整自己的行为时，团队的场域就会被重塑，这就是4D改变个体、塑造团队场域的过程。知行合一、刻意修炼，4D全能团队打造随时可以开始。

应用场景：会议开得好，团队少烦恼

每个团队独有的差异化及动态化特征，必然需要团队领导者能够因地制宜、因时而变、因人而异，基于团队实际场景主动推动理想团队的进化。和其他章节特别选择的不同应用场景适用团队生命周期类似，本章选择团队会议的场景应用，并不代表团队任务只有到了这个阶段才有会议的概念。事实上，团队会议的话题从团队创建之初就会涉及，之所以在这里特别论述，是因为对于团队领导者来说，这个阶段的会议已经不仅仅是早期团队成员间的相互熟悉和了解，而且要在会议场景中形成许多重要的决定，一些具体的问题也要在会议中解决。

正如畅销书《团队协作的五大障碍》作者帕特里克·兰西奥尼所言："如果有人要向我提供用于评估一个组织健康程度的场景，我会选择领导团队是如何开会的。"这同样适用于评估团队的理想状态。团队领导者可以自己先计算一下平均每周花在会议上的时间，同时，如果你顺便问一下团队成员对会议的感受，就会理解为什么我们要讨论团队会议这个话题。

团队会议是检验团队管理效率和水平的典型场景。我们很多人的很多工作时间都是在团队中度过的，而这其中又有很多时间是花在团队会议上的。对于一个健康的理想团队来讲，团队会议至关重要。

1. 团队会议为何开不好

团队领导者在团队会议的场景中面对的最大诱惑，就是为了节省时间而倾向于把所有需要讨论的议题都放进同一场会议中，就像一锅放了太多食材的大杂烩。事实上，这只会让会议变得无效和无趣。因为有些人希望这次会议能提供数据和资讯，快速、有效地交换信息；有些人认为这次会议应该进行互动研讨，并且应该为重要的决策提供关键数据；有些人喜欢放慢节奏，轻松愉快地讨论公司文化和员工发展；有些人只是想要做出明确的决策，然后去干别的事。

那么究竟谁是对的呢？

每个人都对，这才是重点。

事实是，每个人的大脑并不能一下子处理这么多不同的话题。会议要具有明确性和针对性，这意味着需要有针对不同主题的不同会议，这也意味着会议时间会更多和更短，而不是更少或更长。

我们对不少与会者进行访谈，总结出当下很多团队会议的问题突出表现在两个方面：

第一，会议无聊。会议沉闷、无趣、枯燥，与会者缺乏互动，缺乏主动参与，要么消极被动接受，要么没有示人以真，会议中充满了无用的官话和套话。造成这一问题的根本原因是会议缺乏戏剧性，与会者害怕冲突，不敢或不愿讲出自己的真实想法。解决这一问题可以参阅本书 38℃冲突部分。

第二，会议无效。这也是更重要的一点。会议缺乏聚焦，缺乏明确的主题。想要解决这一问题，就需对团队会议做好分类分步管理。

2. 团队会议的类型

团队会议一般有以下几种类型：每日报到会、每周例会、专题会议（见表3-4）。

表3-4 团队会议的类型

会议类型	需要的时间	会议目标	成功的关键
每日报到会	5~10分钟	• 快速交换信息 • 共享当天的日程和安排	• 站着讲 • 限定在当天事务上 • 有人迟到不要等，有人无法出席也不要取消
每周例会	45~90分钟	• 日常管理最有价值的会议 • 检讨每周的活动和指标 • 短平快解决障碍和难题	• 不要预先设定例会议程 • 聚焦周活动 • 推迟战略性主题或细节性专项主题讨论
专题会议	2~4小时	• 针对里程碑事件或团队目标策略的关键议题讨论、分析、头脑风暴和决策 • 专业技术主题的专项深入研讨 • 主题因不同的团队类型具有差异性	• 限定1~2个主题 • 做好准备与调研 • 积极参与良性的冲突

每日报到会

每日报到会也就是每日团队成员碰头会，其核心原则是：

（1）常态化的帮助团队成员将最重要的任务落实到行动上。

（2）为人们提供一个快速交流平台，让彼此知道在今天是否有任何重要事项被遗漏，也使彼此之间不会发生时间上的撞车。同样重要的是，不必再为协调日程表而无休无止地互通邮件。

（3）尽管每日报到会不是对每个组织都不可或缺的，但对于想要使成员保持步调一致的团队来说，它依然是一个有价值的工具，特别是新成立的团队、成员变化比较大的团队或最近有新人加入的团队。

（4）领导者在使每日报到会运作的过程中，必然遇到一个挑战，即让团队成员在初期严格执行这个会议，并持续足够长的时间，使之成为他们日常工作的一部分，即养成习惯。

（5）对于那些忙碌的团队成员来说，在还未开始尝试之前就鼓动他人放弃每日报到会，是易如反掌的。克服这一点的关键在于让每日报到会在召开的地点和时间上保持一致。

（6）除此之外，即使某一天团队只有两个人在办公室，也不要取消任何一次会议，这是极其重要的。

（7）每日报到会更常见的挑战是，将它保持在10分钟内。避免这种状况的一个方法是，禁止坐下开会。

（8）更重要的是，即使有时不合情理，团队也必须严格遵守在10分钟内结束会议的纪律。

（9）最后，如果团队对每日报到会有争议，也最好在一段时间内（两个月最佳）坚持召开，再评估这种会议是否有效。

每周例会

每周团队例会也常常称为团队战术会议。 每个团队都有必要召开这种常规会议，明确聚焦于迫在眉睫的战术议题。这个会议是每周召开还是每两周召开都不重要，重要的是每个人都要参加，并且会议的运行带有纪律性和结构上的一致性。

每周战术例会的时长应该在45～90分钟之间，时间的长度取决于会议召开的频率。

专题会议

专题会议往往需要限定 1～2 个主题，针对团队里程碑事件或者团队目标策略的关键议题进行讨论、分析、头脑风暴和决策。参会之前，需要参会人员做好准备和调研，参会过程中，需要大家积极参与良性的冲突。

3. 团队战术会议六步法

团队战术会议一般有六个步骤。

第一步，闪电回合，快速列出关键事项

这是一个快速的、圆桌会议式的报告会议，在这一环节每个团队成员列出他们本周的 2～3 个重要的优先事项（WIN-What is important now）。每个团队成员应该用不到 1 分钟的时间——**没错，60 秒**！如此，即使是一个大的团队，也应该能在 **10 分钟内完成**这个环节。

闪电回合之所以重要，是因为它为会议剩下的时间定下了基调。通过让与会者**真实地感受到**团队内正在发生的实际活动，与会者将会更易于识别潜在的**问题**、**差距**或其他**需要立刻关注**的议题。

参会者一定要考虑准备关键事项，会议能成功，很多是因为会外提前下的功夫。

这一步的操作注意事项一般是：

（1）每人 60 秒报告本周关键事项 2～3 个。

（2）不解释，不讨论，不细分。

（3）可以有重复。

（4）在白板上列出来（或便利贴）。

这一步一般会遇到以下问题：

团队目标怎么对标？最好有个团队目标的可视化看板，由主持人引领大家根据团队目标（简单快速）逐个核对进展，并统一大家的意见，标出颜色（可用笔或不同颜色的便笺纸标识）。探讨过程其实也是了解情况的过程。

如何确认关键事项是不是团队目标？这个其实没关系，大家可以先提出一个目标来，如果团队目标清晰，大家的关键点也都在此，有其他问题也可以商议。

第二步，关注进展，提出问题或差距

每周战术例会的第二个关键要素是关键信息或指标的例行汇报，比如收益、成本、进度、客户满意度、存货等，诸如此类。当然，具体汇报的内容视行业和团队情况而定。这里的重点是，养成总结进展的习惯。进展一般都涉及关键业绩指标，也许有4~6个。即使算上为了说明数据而做的快速澄清，应该也花不了5分钟。另外，应当在此处避免对潜在问题的长时间讨论。

这一步的流程一般是：

（1）列出目标图。

（2）用不同颜色标出目标的进展情况。比如绿色表示健康、红色表示预警、黄色表示正常。标红色的目标加入讨论白板列表中。

第三步，实时议程，高效讨论共性问题

没错，与传统的观念相反的是，每周战术例会的议程不应在会议开始前设置，而应该在闪电回合和例行目标进展汇报完成之后才设置。

这是因为议程的设置应该基于每个人的实际工作内容与目标的完成情况，而不是领导者在会议开始前48小时的主观推测。想要在收集到那些关键信息之前，就正确预测出议程重点，是不明智的。

会议的领导者必须具有一种被称之为**"自然涌现"**的东西，意思是他们必须避开**提前准备议程表的诱惑**，取而代之的是，允许议程表在会议中自然形成。尽管这可能会牺牲一些对会议的控制，但这可以确保会议有效而且切题。

这一步的注意事项一般是：

（1）归纳合并看板上列出的议题，无须讨论。

（2）重大问题，放到第四步的问题停车场专题会议中解决；特别个性的问题也不在周会议讨论。

（3）领导或主持人决定会议议程（讨论的主题）。

会议议程可以根据团队特性将议题由易到难排序；团队领导最终决定会议议题；在讨论的过程中，主持人可以多用教练的方式引导而不是命令。

第四步，问题停车场，需深入讨论的专题问题

把一些重大的策略性或专项细节性问题放到问题停车场，这些问题讨论的时间预计起码 15 分钟以上。

这一步的注意事项一般是：

（1）闪电回合及团队目标对标过程中产生的大的议题都将放在此。

（2）归纳明确需要讨论的议题，明确后续跟进人。

（3）这类问题需要花费大量时间和精力探讨，有长期影响。

问题停车场的话题何时讨论？指定专题的负责人，由他跟进确定专题会议时间。切记，会议主持人要跟进话题讨论情况，以免出现不了了之的状况。

有些问题难以讨论的话，由领导决定是否专题讨论，大部分情况都是要讨论的。

第五步，讨论并承诺，决策和行动

这一步涉及具体的决策和后续行动，这也是落实会议的关键步骤。

在讨论的过程中，主持人可以多用教练的方式引导。

如果是解决问题，可以按照呈现问题—探讨解决方法—具体如何操作落实的流程；如果是要决策，可以让大家分别站在梦想家、批评家、分析家的角度发表意见，这样大家都会从不同的角度思考问题，有效决策。

每人承诺的过程也是结论明确的过程，如果理解有误，必须马上进行澄清，以免行动偏差。

这一步的流程一般如下：

（1）按照会议议程讨论，并记下讨论的行动计划。

（2）设好会议结束前15分钟的闹钟。

（3）闹钟响起时如果没有完成需决定延长会议还是结束会议。

（4）最后每人承诺，沉默就代表不同意。

第六步，逐级向下沟通，避免走廊会议

沟通的目的是确保信息传递的范围（机密性）以及一致性和及时性，避免两种声音，最大可能降低猜测、谣言和误解。能够当面传达的内容最好当面，至少也要电话沟通，目的是让对方有机会提问，有澄清质疑的过程，以便无歧义。

这一步的流程一般如下：

（1）确定本次会议中须其他人员知道的事项，由谁负责沟通。

（2）确定哪些事是应当保密的。

（3）约定最长24小时内必须沟通完毕。

4. 团队战术会议六步法在团队实践中遇到的挑战

提前设定议程的诱惑

不论正式的或非正式的会议，一般都会提前议定议程。鉴于传统

观念的长期存在，这是可以理解的，但这是不明智的。团队成员必须带着开放的心态参加周战术会议，让实际的活动和目标进度来决定需要讨论的内容。

过于追求细节的倾向

这会导致其他人失去兴趣，从而使团队无法识别需要讨论和解决的正确问题。这个挑战的关键在于让团队成员在闪电回合中**坚守60秒时限**。60秒足够对重要活动做一个简短的总结，甚至足够对1~2个问题进行澄清。

讨论长期策略议题的诱惑

为什么说避免这一问题是很重要的？

首先，我们在周战术例会上，其实并**没有足够的时间**去好好讨论这些大议题。重要而复杂的议题值得花足够的时间集体讨论、分析甚至提前充分准备。

其次，即便是最好的高管也**难以在不同层级的议题之间自由切换**，比如，是否要修改关于商务舱旅行的政策与是否要和一个竞争对手合并，这就好比夫妻俩试图在同一时间讨论孩子的管教问题与晚饭吃什么。

不恰当地重新讨论重大决策

把每周例会限制在特定的短期议题上，这要求人们专注于解决问题，**而不是已经做出的战略决策**。

克服这一挑战的关键在于**纪律**。当有人提起战略议题时（这是不可避免的），领导者务必要将其拿下桌面，放到另一种会议可能讨论的议题清单上。那就是每月战略会议。

团队会议的目的是确保在目标达成的过程中方向的一致性、方法的可操作性和方案落实的时效性，三类会议模式基本涵盖了团队会议的各种场景。

> **这些要点要牢记**
>
> - 择机借力起点效应！
> - 发挥重新启动的新起点效应！
> - 除了显性的专业素养和能力，不要忽略一个人强大的隐性天性作用。
> - 合适的人做合适的事：人事适配，人人适配。
> - 打造 4D 全能团队场域，简单易行的四项行为。
> - 避免会议乱炖：开小会，开短会。

04

任务执行中期，团队合作

没有完美的个人，但有完美的团队。

——团队角色理论之父
R.梅雷迪思·贝尔宾

有效分工是良好合作的前提和基础。团队分工可以有效提升个体效率，但一切分工都是为了更大规模、更有成效的团队合作，因为只有通过合作才能最大化发挥团队效能。

回顾一下自己过去所在团队的情形，随着任务执行的步步推进，进入中间阶段，我们可能会放松了对自己的要求，也可能是别人放松了对我们的要求。因为人们最可能在中间阶段走捷径，敷衍了事、偷工减料，而在开始和结束时这种情况很少发生。团队领导者需要意识到中间效应的客观存在，要对其有清醒认识：中间点常会让团队泄气，此时它是低潮；中间点也可以引燃团队，此时它是火花。这个时候突然有一个震撼的声音在团队中出现："呃－哦，动手吧，我们快没有时间了！"在这个阶段，团队最有可能从各自为政的分工迈向相互配合的合作，与相关方协作共生的场景也日趋达成共识。所以此阶段如何发挥团队角色的作用就尤显重要。

04 任务执行中期，团队合作 | 107

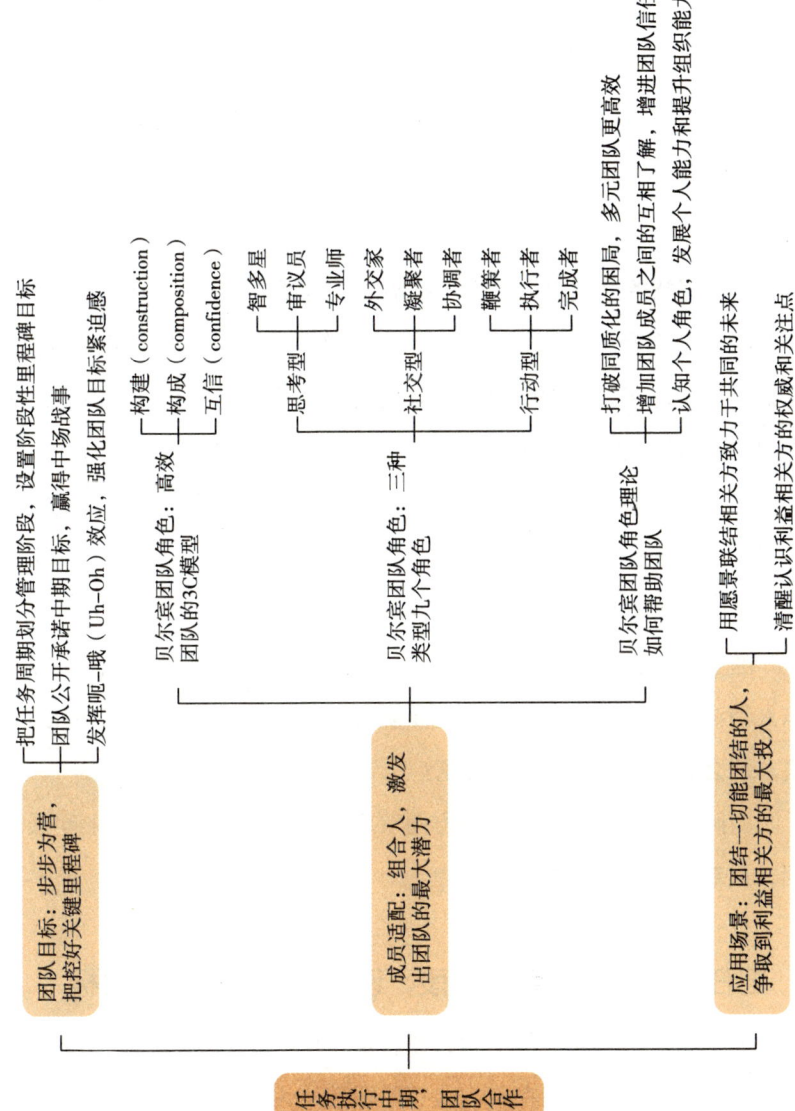

团队目标：步步为营，把控好关键里程碑

理想团队的进化很少遵循一条清晰的直线式路径。这和生活相似：人们经常记得开始，比如和爱人的第一次约会；对结局也难以忘怀，比如对与父母亲人告别时个人身处何时何处往往终生难忘。但是，对中间的事情往往印象模糊，也很容易淡忘。

然而，这并不意味着中间阶段对团队不重要。恰恰相反，就像一场足球比赛一样，不管上半场比分领先还是落后，教练利用中场休息对球队的重新排兵布阵对比赛的结果影响巨大。

随着任务执行阶段的步步推进，在到达某个中间点时，团队容易陷入消沉的低潮期，但此时也是团队最可能迸发火花、开始冲刺的时机。那么如何将低潮转化为火花？

团队领导者可以从下面三方面着手，助力团队顺利度过中间低潮期，重新激活团队动力。

1. 把任务周期划分管理阶段，设置阶段性里程碑目标

为了保持团队成员的动力，或者重新燃起动力，可以将任务周期划分成几个线性阶段，在每个决策阶段节点设置里程碑目标，由远及近，由高到低，这样不仅能降低长周期未知不确定性对团队目标的影

响，也更容易让团队成员把注意力聚焦于当下的阶段子目标，形成步步为营的有利局面。这种增强时间约束的紧迫感也会大大增强团队成员的参与感，从而有效降低中间点低潮效应的影响。

这种划分里程碑目标的做法在体育项目中最常用到。因为体育项目具备高度竞争性，一旦运动员无法突破中间点的低潮效应，那么失败基本就是大概率的结果了。比较典型的是漫长的马拉松项目，普通人多是按照五公里、十公里、半程和全程来设置里程碑的，组织者也多会在这些里程碑给予参赛者奖牌认可。

2. 团队公开承诺中期目标，赢得中场战事

一旦设定了阶段里程碑子目标，团队领导者就要敢于公开表明决心，不给自己留后路，让团队成员认识到这个目标的严肃性，这样团队才更有可能坚持到底。克服中间点低潮效应的一种做法是，告诉他人你将如何做，以及时间过半时的目标。当确定的中间点即将到来的时候，请你的团队成员、你的朋友、你的领导甚至家人，一起与你见证中期成果。这么多人希望你完成任务，你会千方百计地动员团队达成你承诺的子目标，以避免出丑。

3. 发挥呃-哦效应，强化团队目标紧迫感

通过对美国全国大学体育协会（NCAA）的46000场篮球比赛统计，研究人员发现：中场休息时微小的落后显著增加了球队获胜的机会；上半场落后的球队在半场休息后一开场时表现更强劲，往往能够立即得分。这就是典型的呃－哦（Uh-Oh）效应实例。

呃－哦效应是指每个团队创建后往往都要经历一个比较长的惰性期。在此期间，团队成员开始相互了解，他们谈论着各种想法，但任

务常常进展不大，时间慢慢流逝。但就在接近任务进程的中间点时，突然有人站出来说："呃－哦，动手吧，我们快没有时间了！"这时候团队成员会感到一种新的紧迫感，这种紧迫感能够激活团队成员的动力，改变其行动策略。

团队领导者既然意识到中间点的存在，就要发挥**呃－哦效应**，利用中间点的提醒，让团队紧张起来。这种健康的压力感能有效激活团队成员的动力，让团队成员感到一种新的紧迫感，开始做取舍，优先处理对实现团队目标最重要的任务。

成员适配：组合人，激发出团队的最大潜力

从招募理想的团队成员开始，团队在初期常常是和谐与冲突并存。这个阶段多用来共启愿景，共识目标，建立团队游戏规则和冲突契约。随着时间的推移，阶段目标和任务分解排上日程。如何确保合适的人做合适的事，即人员与任务最大可能地匹配，是任务执行阶段早期的焦点所在。这个阶段团队成员强调自己的分工，但容易各自为政，团队往往也很难在结果上取得可见的成绩。

随着阶段任务的继续推进，团队成员通过磨合，相互间的信任度不断提升，特别是团队进入任务执行中期阶段，大家更加关注集体目标，由强调自己的分工开始发挥团队角色的作用，从而迈向真正的团队协作。当然，团队进化的过程通常不会是线性的，这种在最小摩擦下进行的合作也容易变成冲突甚至敌视状态。为了持续推进向理想团队进化，团队领导者需要秉承求同存异、协作共生的理念，不断重复团队的共同愿景和共同目标，强化和明确本阶段里程碑目标，激活团队角色，让大家把注意力集中在本阶段整体任务的完成上。

1. 贝尔宾团队角色：高效团队的3C模型

打造理想团队的一个关键要素就是领导者要了解每一个独一无二的个体，并能够使他们的能力和潜能发挥到极致。许多团队领导者都知道贝尔宾的团队角色理论，并且很可能已完成了贝尔宾团队调查问卷，以帮助他们确定团队工作中的行为、贡献和人际互动。

什么是团队角色理论？梅雷迪思·贝尔宾博士及其亨利管理学院经过多年在澳大利亚和英国的研究与实践"什么样的人组合在一起会成功"的话题，共同开发出了广受欢迎的著名团队角色理论，并提炼和创建了高效团队的 3C 模型（见图 4-1）。3C 包括 construction（构建）、composition（构成）和 confidence（互信）。

图 4-1　高效团队的 3C 模型

构建（construction）：团队成员选择的多样化。贝尔宾博士在高绩效团队研究中发现了九种团队角色，一个理想的团队首先应该是智多星、审议员、专业师、外交家、凝聚者、协调者、鞭策者、执行者和完成者这九种角色的综合平衡。多角色的团队构成可以让一个团队在目标的完成上有功能性互补，同时更可能满足风险和变化给团队带来的不同要求。

构成（composition）：团队成员认识到了解自己与他人团队角色特征的必要性。明确团队成员的贡献和可被允许的缺点，才能知己知彼，取长补短，结合阶段目标做有效的搭配和合作去规避个人弱点有可能带来的问题；足够的了解可以让团队领导者适时识人善用，也可以让团队成员在需要的时候找到对的合作伙伴。

互信（confidence）：认可他人优势并包容其不足的重要性。互相了解之后，容人所短、用人所长。知人善任是每一个管理者都应具备的基本素质，但一个好的团队不仅需要管理者如此，也需要所有的团队成员去挖掘彼此和适应彼此的优势，弥补和包容缺点，这样的团队氛围让每一位成员更加自信地展示自我，会在成员之间形成相互主动支持和补位的氛围，逐步形成更深的包容和信任。

2. 贝尔宾团队角色：三种类型九个角色

基于 3C 的框架，贝尔宾博士在围绕团队工作行为模式的研究中，发现了成功团队中有倾向性的三种类别和九种不同角色以及他们代表的行为组合，称为"贝尔宾团队角色"。其定义为："个体在群体内的行为、贡献及与他人相处的倾向性"。这个定义的一个关键词是行为。个人的行为会有意识或无意识表现出来。

贝尔宾理论的另一个重要贡献是，它不仅反映出个人的角色特点，也帮助我们去挖掘形成这些行为背后的多方面因素，并指导团队发展我们需要且成员适合的团队角色。比如性格，有天生的影响也有后天环境的养成；智力，与受教育的程度和个人学习的能力及悟性相关；

经历，成长过程中是一帆风顺还是屡遭挫折失败；个人的价值观和动机，价值观的形成比较复杂，但不论价值观还是个人动机，都受内在意识形态和外部环境等影响。因此贝尔宾的角色理论更具客观实践性，这里团队中的个体不是岗位分工的职能视角，而是在团队成员配置组合中他人眼中你的角色定位，所以这个团队角色和职能角色是不同的，同一张岗位说明书下，两个不同的团队角色的个人可能会产出完全不同的岗位结果。这为团队如何选人、用人以及如何优化组合等团队人员适配课题提供了新的思路，并产生了质的突破。

团队角色有三个倾向性类别，即思考型、社交型和行动型。每一类型下的三个角色既有共性也有差异（见表4-1）。研究表明：成功的团队并非把一群最具聪明智慧的个体放在一起，既不是高配，也不是低配，而是适配，即搭配不同角色，让他们的行为突出优点、弥补不足，从而融合而成。每一个角色的优势和劣势并存，也都有"可允许的缺点"，只要其缺点没有发展到有破坏力就无须太过关注。因为没有一个角色没有缺点，如同没有一个人是完美的。

因此在建立团队时，我们需要考虑团队角色的多元化问题，如果过于单一重复，团队成员在其擅长和需要发挥其优势的领域会如鱼得水，却很难应付商业环境的方方面面。比如在专业方面极度专注和深挖的员工，很难面对那些需要前瞻性地考虑全局以应对不可预测或变化多端的环境的场景。当然不是不可以学习精进，但在快速敏捷的变化时代，让具备优势的团队角色学习起来会更加高效。九个角色的团队构成不但可以互补，而且当风险和变化来临时，团队各个角色的合力更具有弹性。

贝尔宾团队三个类别中的九个角色在团队中体现出来的作用和价值各有不同。

思考型善于思考和分析，无论在创造力、钻研力和对事物判断的"精准稳"方面，都是各个团队不可缺失的助力。他们是团队里的"智多星""审议员"和"专业师"。

表 4-1　贝尔宾团队角色分类

团队角色类别		团队贡献	可允许的缺点
思考型	智多星（PL）	才华横溢，富有想象力，独创性强，提供多元化的解决方案	过于关注想法，可能不善于沟通
	审议员（ME）	有条理，善于分析，判断力强，基于事实做出决策	表现出行动缓慢，缺乏驱动力和鼓舞他人的能力
	专业师（SP）	专心致志，为追求知识而努力	贡献集中于专业领域上，过分专注技术领域
社交型	外交家（RI）	热情，联系广泛，不断探索新机会，有广泛联系人的能力	盲目乐观，容易厌烦和失去兴趣
	凝聚者（TW）	合作者，富于同情心，擅长人际交往，敏感，避免摩擦	面对艰难抉择时可能会优柔寡断
	协调者（CO）	沉着，自信，澄清目标，促进联合决策	会被认为有操控欲，不愿做个人工作
行动型	鞭策者（SH）	有干劲，充满活力，目标导向，有驱动力和勇气	容易激起争端，会很直率，使人不安
	执行者（IMP）	遵守纪律，有组织的，工作效率高，能够将好的想法转化为实际行动	缺乏灵活性，面对新的思想和方法反应迟钝
	完成者（CF）	高精确度，勤奋有序，关注细节，力求完美	常常过度焦躁，愿意亲力亲为而不愿授权别人

社交型重在善交际善沟通，他们活跃而热情地外联，能快速捕捉机会和资源，他们能言善辩和支持他人的特征总会使其更容易赢得"人缘"，更容易获得信息和资源。他们一般是团队里的"外交家""凝

聚者"和"协调者"。

行动型，顾名思义，重在做事有力度、有条理地执行和对于所做事情（产出）的质量要求；他们在有压力的情况下坚韧的行动力、结果导向的理念与对自我的要求，让他们在职场上给人留下"认真干练和一丝不苟"的印象。

他们一般充当"鞭策者""执行者"和"完成者"的角色。

这三种类型的角色听起来各有各的优点，也各有各的缺憾。但前面说过，只要缺憾不会影响到大局和其优势的表现是可接受的。人无完人，这也是团队的可贵之处——包容！团队也许找不到完人，但可以拥有团队成员不同优势的组合——遇到推动变革时，一定要倚重鞭策者，他们会披荆斩棘，驱动激励团队并扫清障碍。遇到瓶颈需要创新时，可以借助智多星和外交家的优势，他们一个是原创点子的突破者，总能给大家惊喜；一个是寻觅机会与整合资源的快手，"拿来就用"的法子一样可以"救火"。遇到重点决策和太多选择时，不妨征求审议者的意见，尽管他们没有壮志豪言，此时此刻冷静的数据分析和理性的解读评判更让人心服口服。虽然在这里我们没有枚举每个角色，但他们可以给团队带来的价值都很重要。

你现在是不是特别有兴趣了解一下自己团队的角色组合状态，那么，可以邀请你的团队成员参考表4-2的自查清单做个简单测评（"不是"1分，"不确定"2分，"是的"3分）。

表4-2 团队角色组合状态自查清单

测评内容	分数
1. 我所在的团队是个多元化的团队，在思想思维、社交沟通和行动执行方面都有擅长的成员	

（续表）

测评内容	分数
2. 我所在的团队，团队成员中有一部分人能力突出，在某些方面有明显的一技之长	
3. 我所在的团队总能够有应对的能力，应对任务的不同阶段或者不同的变化	
4. 我知道自己的优势和不足，也了解团队中的其他人	
5. 我知道在哪些任务或者哪些要求上，谁是最擅长的那个人	
6. 我们很容易在需要的时候向他人求助，并知道不同的事情该向谁求助	
7. 我们清楚对方的弱点并能够包容彼此	
8. 我们不会因为我们各自的不同而否定别人，相反珍惜彼此的差异	
9. 我们知道挖掘和善用别人的优点，远比让他们弥补缺失更重要	

注：如果平均分在 18 分以下，你需要警惕，你的团队还未形成高质量的团队互动，并且很可能已经开始对你的团队绩效产生负面的影响

3. 贝尔宾团队角色理论如何帮助团队

那么贝尔宾团队角色理论可以在哪些方面帮助到团队呢？

打破同质化的困局，多元团队更高效

传统的人力资源选拔和培养人才的时候，我们经常会听到有人说："在这家公司能成功是因为 ××……"但是当企业面临什么问题时候，我们又经常会听到有人说："我们很善于去做事情，但是不善于完成它"或者"我们公司的人都很聪明，但不善于社交互动"。作为团队管理者，你是否也提拔过某些让你觉得"像你"的成员，并且喜欢让他们成为团队的重要角色。无论人力资源还是业务领导，在招聘和选拔的

过程中都可能会有意无意产生克隆倾向，即找自己喜欢和信任的那一类型的人，由此让团队角色变得越来越单一。

我们虽然已经知道多元化的团队更能产出高效的结果，但是做到100%的多元化依然是理想状况。在一个既定的团队目标下，当我们不能保证100%的角色完整时，首先要考虑团队的性质，确保拥有核心角色。

比如一个销售类的团队，当它的多元化程度不理想时，也要优先满足它针对销售工作的独特风格，这时候外交家、鞭策者角色价值彰显；一个研发团队，要有智多星、审议员、执行者、完成者的风格。但是除了团队的性质，我们也要充分考虑我们应对挑战的策略是什么，比如一个销售团队面对高挑战的市场增长要求，需要重新进行销售战略的定位和策略梳理的时候，就需要更多思考型的角色，这时候智多星、审议员会为新的战略规划做出最大贡献；当我们需要用拓展的策略去保证市场份额的扩大，那我们必不可缺的是强于推动的鞭策者、善于发现机会的外交家；如果我们需要用精益求精的策略提高产品质量，那在专业上深入可靠的专业师、对结果完美追求的完成者都是必不可少的；如果我们想通过用户的运维和满意度提高用户留存，那么善于社交、有同理心、能起到良好组织作用的协调者、凝聚者角色就更容易发挥作用。

当我们发现了团队角色的欠缺时，如何发展团队的多元化？

如果可行，最好的办法就是从创建团队的初始就规划角色和不同角色的搭配，在关注个人品德和专业能力的同时，通过贝尔宾团队角色360度反馈，即通过他人选择描述本人行为的词汇来评价成员。词汇无关好坏，只是说明了不同行为的特质，让我们了解团队中的个体都是什么角色。测评结果会让我们看到团队中是只有单一角色还是有多元角色,可以及早发现缺失的角色可能带来的问题,也可以预知他们的行为特点。这些行为特点会让团队成员在完成某些任务时更容易或更难,而其完成任务的质量和效率决定了其贡献的价值。

团队要想有效运行,就需要在九种角色之间达到平衡,理想团队往往需要具备七种以上的团队角色。但也不用太过担心,因为每个人都有主要角色和次要角色,特别是在小团队里,挖掘成员中的第二个突出角色是极其重要的。团队中的多元角色会带给团队应对不同变化和挑战带来机会,团队成员之间甚至他们与其他部门之间,特别是在数字化转型下的虚拟团队、项目为基础的临时团队会越来越多,他们彼此的协同合作也只会越来越多,合适角色的搭配组合会起到事半功倍的效果。

这就是我们经常说的把正确的人放在正确的位置上,而这里应该说把正确的角色做正确的搭配,其行为会自然产生成果。因此,无论是新人招聘,还是内部人才挖掘发展,基于团队角色需要的人员适配已成为团队领导者的重要考虑因素。

案例 团队角色实例

W团队已经换了两任"空降"领导,目前群龙无首,他们认为现在的业务和团队更需要一位团队领导能够在驱动目标、善用现有资源、盘活团队上有优势。了解贝尔宾角色理论后,他们让团队成员完成了角色测评。测评后发现有两位员工的第二个角色的分数都很高(超过75分)。A员工的第二个角色是协调者;B员工是鞭策者,并且在评价词条中出现了目标感强、驱动结果、善用资源和激励人心等特点。于是公司决定让这两位员工升职做正、副部门经理。经过两年的历练,公司领导很为自己当时的决定感到骄傲！除此之外，当年的测评也发现他们团队的专家角色空白，于是他们在团队后续招募中特别补充了这个角色。

增加团队成员之间的互相了解，增进团队信任

绩效是团队中最直接的可衡量结果，但是在团队建设过程中还有一些隐性的重要因素，贝尔宾的实证分析表明，知行合一、自我认知更清晰的团队，业绩表现会更好。同时，信任的基础是了解和包容，信任他人先要从认知自己入手，客观、理性地看待和接受自己的优劣势是非常勇敢而值得的事情。不因为有突出的优点而沾沾自喜，也不因为有"可允许"的瑕疵而妄自菲薄。当自己可以真实地面对自己时，是否也能如此对待他人呢？这个过程本身就很有意义。对于一个你根本不了解的人，能说信任吗？

团队角色可以帮助我们认知自己和理解他人，团队角色报告会展示出自我测评和他人评价的综合评估结果，用百分比的形式一目了然地看到自己有优势的角色和较为劣势的角色，最令人深思的是自评和他评的差距，这些差距正是对个人和团队最宝贵的信息。个人也许会很不舒服地发现，自己认为的强项在别人眼中不过如此；而在他人眼中自己从未发现的优势却熠熠生辉。当你非常诚恳地去了解差距背后的原因时，你会发现很多新的认知，来填补自己的认知盲区，会知道自己的行为和想建立的团队角色结果之间的偏差，从而识别那些可改变、进步的行为，开启更智慧的自我发展和成长。

这对于团队有什么意义呢？首先，如果每位成员都能够结合他人的评价更清晰地认知自我，那会帮助个人找到与不同角色的人相处时的更好方式。其次，认可自己的角色优势，接纳自己的角色不足，会增加团队成员的自信和坦诚，这样的态度更容易联结自我内在的智慧，

更加容易发展自我和完善自我。这些积极的改变对他人和团队是有积极影响的，当彼此了解了各自的优缺点，谁也不要自以为是或嫌弃他人，因为大家都有各自的优点和可能需要改善的短板。当团队成员彼此坦诚沟通、分享日常工作中的观察发现时，团队的默契和信任在慢慢形成，领导者也更容易发现团队成员的潜力而有针对性地发展他们并对其赋予重任；同时，领导者可以基于团队中的不同角色来决策人力资源如何平衡分布，甚至打破现有格局，基于业务需要做重组和优化。具体到任务或者项目，也可以做到知人善任，让团队自发学习和赋能。

以往的领导力书籍，往往强调团队管理者对团队成员的了解是很重要的事情，但是团队成员之间的互相了解程度对团队的整体绩效有着直接的影响。贝尔宾团队角色测评，可以将大家互相了解的程度可视化外显出来。当大家对同一个人的评价一致时，说明大家与这位团队成员相对来说有较多的工作来往，并且大家知道他的优势和缺点。这种了解有助于团队成员知道什么时候可以向他寻求帮助和合作，并且能更容易找到与他合作的方式，能够包容他的缺点，避免在他的缺点区域寄托太大的希望。然而当大家对某人的评价互相没有达成共识，或者当他评者选择了很少选项时，可能是因为大家没有与这位团队成员有足够的工作接触，也有可能是这位团队成员对待他人时有意改变和隐藏自己的自然行为，导致大家对他的印象差异比较大。

团队领导者可以借鉴贝尔宾角色测评，帮助大家互相了解彼此的测评结果，对彼此的角色认知更清晰。但是更多的改变来自日常工作，营造更多的团队信息共享平台，创造更多的团队互相合作机会。包括看似没那么实用的团建活动。总体来说，不要让你的团队只是坐在一起办公的独立个体成员，他们之间应该通过相互的了解和合作，产生团队之间该有的化学反应，这才是真实的可以转化为绩效的团队信任。

认知个人角色，发展个人能力和提升组织能力

团队的进化和成长就是个人不断进步和发展的过程。不是团队强大了，团队成员就强大了；而是团队成员不断扩大能量和提升能力，才让团队不断壮大。这个过程包括强强联手、取长补短、自我完善。贝尔宾团队角色测评为此提供了简单直接易于操作的工具，自评和他评均基于人的行为，每个人看到的也许不同，但观察到什么，他们就选择什么，没有好坏和好恶之分，对于在团队中的个人角色报告是有说服力的。

> **案例　展示认知角色和发展自我可能性的两个示例**
>
> 　　一位是一个典型的"审议员"资深销售，有丰富的阅历和判断力，然而从来不喜欢分享自己的意见，只是默默看着事态发展，即使别人错了也从不出头指正。参加了贝尔宾工作坊后，他问：如果我"迈出一步"会怎么样？我说：看到另一处风景。后来他很快成为当地的销售经理，开始负责一个小团队。
>
> 　　另一位是一个典型的"凝聚者"总监，为人谦和且人缘好，似乎从来不和他人发生冲突，担心如果话说得太重对方感受不好。参加贝尔宾工作坊后，他给自己的行动计划就是在即将到来的绩效评估中，和每位员工探讨他们的差距和改善建议。后来这位总监反馈，与员工的大胆坦诚沟通没有他想象的那种冲突局面。
>
> 　　虽然都只是小小的改变，但视野和格局都发生了改变，结果也比较令人满意。

那到底什么是理想团队？团队成员自律、自驱、自省并有觉悟看到自己的差距、他人的优点，在一起共事时相互尊重、支持，包容差异，拥抱冲突和变化，真正做到协同合作。特别是在虚拟团队中，彼此不能相见，唯有在信任氛围里，主动沟通、分享信息、承认问题并勇于面对和改变。这是一个崇尚真实的世界，贝尔宾的团队角色模型把每位成员放在了同一条起跑线上：自发的行为，梳理其差异、探究其潜力和弱项，以最理性的视角辩证地看待个体和团队，同时以发展的眼光接受个人和团队在外力推动下的演变。

贝尔宾对发展他人一直遵循的原则是，探索自我好过模仿他人。我们在团队中个人发展的目的是，在团队目标下，让自己的角色更大程度地做出贡献。在这里，个人认知和他人对你评价的差异，可以给你很多发现。如何知道自我认知的结果和别人对自己的认知是否一致？可以通过贝尔宾的测评系统输出结果，把自我评价和他人评价进行比较。

在发展角色方面，贝尔宾角色理论提倡长板理论，即不要苛求改变自己的劣势，那些有潜力的、自然的团队角色更有进一步开发的可能和价值。比如对"协调者"兼"外交家"来说，参加社交的学习和技能训练就很有意义。但是如果让"完成者"兼"执行者"在此方面投入很多时间和精力，就会收效甚微。获得在团队内的影响力，最行之有效的方式就是把自己擅长的团队角色表现出来。

团队领导者在选择适合的角色时，还是要考虑到工作性质和业务目标的要求，团队在计划、分配和调整不同角色方面会有一定的区别。

事实上，对任何一份工作来说，我们很难找到完全合乎标准的理想人选。但是我们可以通过有意识和有方法的团队角色组合设计，让团队更具多元化、抗压性、包容性和创造力。这并非单个角色的简单排列组合，而是通过团队角色的最佳适配和对于所需优势的完善实现互补，使整个团队充满活力，高效达成目标且敏捷应变，这也被事实证明更能够产出良好的绩效结果。

综合上述内容，我们以工作场景中的一个典型项目性工作为例，基于六个关键性阶段——确定工作需求、寻找最佳创意、确定决策规划、重视沟通宣传、落实组织跟进和确保实施完成，来看一下不同团队角色在每个阶段是如何发挥作用的（见表4-3）。

表4-3 不同团队角色在六个关键阶段如何发挥作用

项目性工作内容	团队角色价值举例
确定工作需求	有些项目之所以失败，是因为目标定位失准或模糊动摇。这一阶段的关键角色是那些有目标感且对目标有清晰认识的人。在这方面最合适的是"鞭策者"和"协调者"
寻找最佳创意	待目标确定后，大家很容易进入方案阶段，思考如何实现目标。通常会基于多方因素，如资源、现有流程和体系等，设计实用而可行的方案。当方案缺少些"与众不同"的创新使之更具突破和不可复制时，"智多星"和"外交家"可以发挥其优势
确定决策规划	制定规划有两方面的主要内容。一是收集和权衡选项，为正确决策提供参考依据。二是充分利用相关经验知识，使制定出的任何计划打上"专业"的烙印。"审议者"就是最理想的长期规划者，在这一阶段，"专家"也能从专业性上提供见解，发挥关键作用
重视沟通宣传	除非你能让别人相信计划的前景有多好，否则，没有人会轻易接受你的计划。创意和计划都需要支持者的"鼓吹和传播"，他们会让人充分理解创意和计划的价值，从而说服那些持怀疑态度的人。在这方面，"外交家"最在行。但仅游说和宣传是不够的，每一个新的事件都会与旧的事件发生冲突。所以，安抚利益受损的群体，以及意见相悖的群体的任务可以交给"凝聚者"去做

（续表）

项目性 工作内容	团队角色价值举例
落实组织跟进	计划确定后需要马上考虑招兵买马和资源配置问题，这些是"协调者"的强项。计划只有变成具体的流程、体系、方法和时间表，才有可能被执行和跟进；这一工作非以工作高效和使命必达著称的"执行者"莫属，他们会根据计划一步步推进，直到完成
确保实施完成	不但要完成，还要把细节考虑周全，确保高质量地圆满完成，这永远是"完成者"的理想：他们要把计划执行到位，并且交付一个如同工艺品一样完美的结果。"鞭策者"则是在另一个层面发挥自己的积极作用，即在计划实施过程中有任何挫折障碍时，"鞭策者"可以意志坚定、不畏挫折、勇敢地扫清障碍，直到目标达成

最后，对于一名希望打造理想团队的领导者来说，贝尔宾团队角色模型不仅给出了一个突破团队协作瓶颈的新视角，也非常务实地给出了一些特别具体的改善团队成员适配的行动清单：

（1）是否应该增加新人或替换现有成员来弥补团队的同质化？因为很有可能团队会因此顺利地运作起来。

（2）现有团队的成员是否愿意开始尝试他们本人的第二个或第三个角色的潜力？有意识地改变更有力度。

（3）对于长期有冲突的角色，是否和他们沟通缓解冲突的方法，把冲突压力变为团队能量，从而实现突破创新？

（4）是否支持和鼓励你的团队大胆地提出意见和建议？并定期组织这样的活动？

（5）是否检查团队中有无单一角色过多或重叠而关键角色却缺失的情况？

（6）是否创造机会让团队成员相互了解对方的优势，欣赏他人的优点，包容他人的弱点？

（7）是否基于贝尔宾的测评报告和绩效评价结果专项讨论团队成员的职业发展问题？

（8）分析目前团队运行的情况，是否需要从文化、价值观、愿景或行为入手，促成改变？

应用场景：团结一切能团结的人，争取到利益相关方的最大投入

每个团队独有的差异化以及动态化特征，必然需要团队领导者能够因地制宜、因时而变、因人而异，基于团队实际场景主动推动理想团队的进化。和其他章节特别选择的不同应用场景适用团队生命周期类似，本章选择如何争取利益相关方投入的场景应用，并不代表只有团队任务到了这个阶段才有这个概念。事实上，争取利益相关方最大程度的投入的话题，从团队创建、共启愿景之时就开始了。之所以在这里特别论述，是因为对于团队领导者来说，需要遵循打铁还需自身硬的策略。随着时间的推移，团队成员在团队领导者的带领下不断磨合，形成团队较为稳定的工作氛围，在将目标有效地转化为团队行动方面达成了共识的规则流程和默契配合。这时候，团队应该把目光更多投向外部利益相关方，思考如何通过争取利益相关方的最大投入，来助力团队取得更大的成功。

童话故事《睡美人》中，国王打算为自己刚刚诞生的女儿举行庆祝宴会，邀请了所有的亲朋好友，还有全国几乎所有的女巫来为小公主送祝福。全国有 13 位女巫，而国王只有 12 只金盘子，所以他只邀请了 12 位女巫。那个未被邀请的女巫突然出现在宴会上，并非常生

气地诅咒国王的女儿在 15 岁时会死去。

这个故事告诉我们,那些未被关注的利益相关方,正如国王没有邀请的那个女巫,可能成为"反咬你一口"的人。

正如个体无法独立于社群,一个团队也无法独立于广大的利益相关方群体。利益相关方指所有那些可能会影响团队,受团队影响或认为自己受团队影响的个人、团体或组织,例如董事会、投资者、上级领导、监管部门、客户、员工、供应商、合作伙伴、社区等。他们是具有感觉、看法、期望、影响力的个人或一群人,我们称之为"活生生的人"。这些活生生的人对团队的工作保持着不同的态度,有着不同程度的影响。利益相关方的看法和需求需要被纳入团队工作范围,否则不仅无法提供更多支持,反而很可能会成为团队工作的最大障碍。与利益相关方结盟,和他们一起成功,是成就理想团队必不可少的一个环节。

1. 用愿景联结相关方致力于共同的未来

愿景是关于美好未来的图景。团队的愿景是大家共同努力创造成果的基础,它是牵引和激发大家前行的动力。同时,对于团队的利益相关方而言,如果愿景中包含了他们的诉求、利益和目标,他们将更愿意认同团队的工作,并与团队协同,甚至做出直接贡献。因此,团队在愿景创建过程中应充分考虑到利益相关方的需求,争取其参与,并获得其承诺,始终把利益相关方凝聚在一个共同愿景之下。总之,就是通过与利益相关方共启愿景,寻求共同关注的利益点,达到使众人行。

这里要特别强调的是,要把利益相关方看成活生生的个体,而不仅仅是一个角色。秉承变革者的心态,"借变革东风办成利益相关想办成的事情，而不是利用他们"。

2. 清醒认识利益相关方的权威和关注点

知彼知己，对利益相关方需求和期望的理解，能够清醒地认识到他们的权威和兴趣关注点，这一点对团队的最终成功尤为关键。这是因为：一方面，他们中有将来团队任务产出的直接被影响者；另一方面，他们往往也是团队成功与否的最终评价者。

利益相关方识别和分析矩阵（见表4-4）有助于认识和理解不同的利益相关方，并以此为基础来确定与不同利益相关方的沟通策略（见图4-2）。基于利益相关方与团队目标的相互影响，从注重沟通效果的面对面、一对一、非正式的高频次沟通，到更看重沟通效率的告知式批处理正式书面沟通，对利益相关方的分类分级沟通策略就变得十分重要。

表4-4 利益相关方识别和分析矩阵

相关方	态度				权力/影响	
	不知晓	抵制	中立	支持	高层	中层
S1				CD	*	
S2		C		D		*
S3			C	D		*
S4	C			D	*	

注：C表示当前参与程度，D表示所需参与程度。

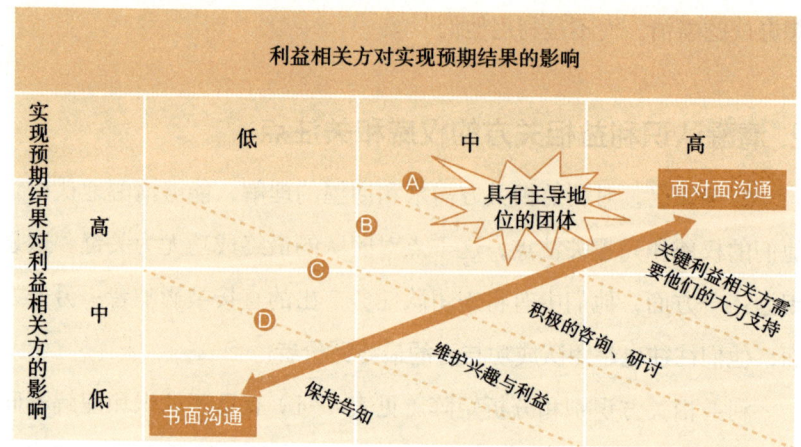

图 4-2　利益相关方沟通策略矩阵

直接找利益相关方沟通，听取他们的想法，可能是最常用的利益相关方沟通方法，最常见的方式比如调查问卷、电话访谈、实地拜访等。随着利益相关方的庞杂性一直在增加，特别是团队教练角色的自然涌现，共创愿景的工作坊、换位思考的空椅子法、快速寻求共同利益法等实践做法也越来越受到了团队领导者的垂青和应用。

空椅子法

空椅子法是一种常见的心理技术。团队教练吸纳了这一做法来帮助团队成员换位思考，理解他人视角。

空椅子法非常简单，可以在日常的团队会议中使用。比如在一场关于产品价格调整的讨论会议上，为客户留出一张空椅子。在每个主题被讨论的时候，主持人可以适时向大家提问："假如我们的客户此刻坐在这里，他会问些什么、说些什么呢？"

该方法也适用于团队内部。比如在一些重要的决策会议中，某些成员因为一些原因未能参与，同样可以为他们设置空椅子，就如同他们此刻在现场一样，设想他们可能有的疑问或反馈。这种方法能够让团队成员保持对利益相关方利益诉求的觉察，不至于陷入狭隘的个人思维或团队本位主义信念。

快速寻求共同利益法

关注共同利益，是指站在对方的立场上考虑共同的兴趣和利益（注意是利益不是立场），找到他人最深切关注和看重的东西，并知道哪些是自己能够满足对方的。关注共同利益类似于"双赢思维"，但关注共同利益最强调的点是需要"先考虑对方的兴趣和利益，从中找到我们能做到的"。的确，当对方的利益没有被关照到时，他们为什么要来考虑你的需要呢？基于自己的需要去谈双赢，一定会落空。

两个人面对面，参照下面这个问题清单，每次一个问题相互轮流问答（见图4-3），你会惊奇地发现你们之间一定有共同关注的兴趣和利益。

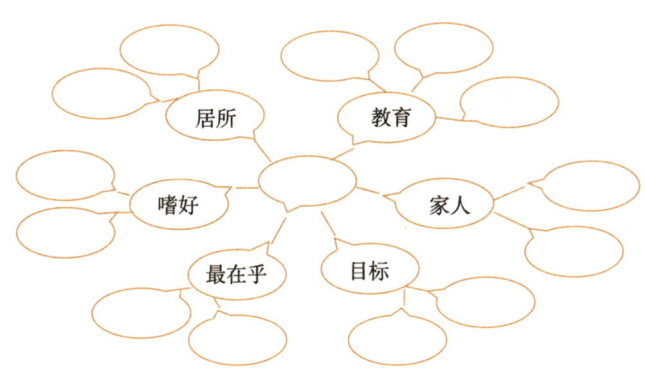

图 4-3　快速寻求共同利益法问题清单

正如《巴拉巴西成功定律》作者艾伯特-拉斯洛·巴拉巴西所说："成功的真正含义是一种基于你周围人的想法和赞扬的集体现象，你的成功不是你的事，是社会的事。"其实这也适用于团队，团队的最终成功同样取决于关键利益相关方对团队成果的看法，因为他们往往是团队成功与否的最终评判者。

这些要点要牢记

- 中间效应：中间点既是低潮，又是火花！
- 呃－哦效应：用时间约束触发团队一起行动！
- 重视团队角色！
- 打铁还需自身硬。
- 短期合作，放下姿态，彼此尊重；中期合作，放下利益，彼此平衡；长期合作，放下性格，彼此成就。

05

任务执行后期，团队共赢

十鸟在林，不如一鸟在手。

——谚语

峰终效应：人们对一项事物所能记住的往往只是高峰和终点时的体验，而过程中好与不好体验的比重大小或时间长短，对记忆几乎没有什么影响。

如何发挥峰终效应的积极力量，如何通过充分授权、例外管理，赋能团队迈向自组织，从而实现人尽其才、物尽其用、团队共赢的局面，这是团队负责人在任务执行后期要特别刻意为之的事。以终为始，通过团队倒计时等仪式增强团队紧迫感，把握最后一次团队重新启动的机会，激发全体成员全力以赴最后一搏，到达终点，实现最终目标。

05 任务执行后期，团队共赢 | 135

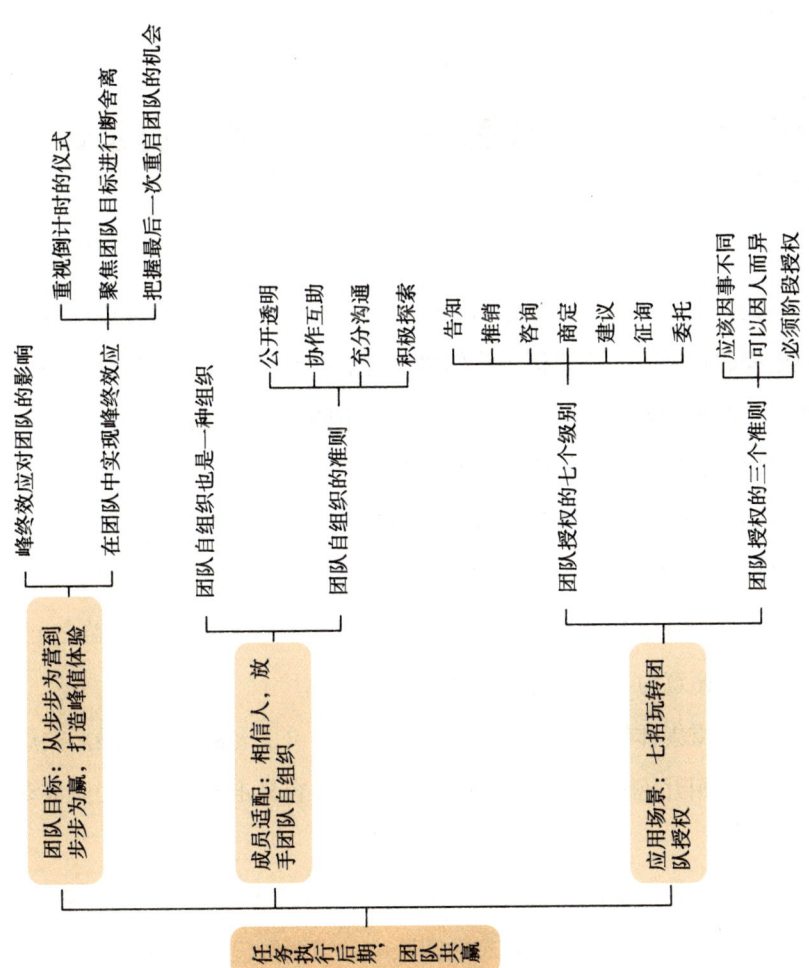

团队目标：从步步为营到步步为赢，打造峰值体验

我们开始追求团队目标的时候，团队主要受进展程度即中间各阶段里程碑目标所激励，但当我们接近终点的时候，成员往往会更拼一些，这时候大家开始依靠努力，缩小余下的距离来增强活力。这就像4×100米接力赛的最后一棒冲刺、足球比赛的最后 10～15 分钟、高考 100 天倒计时、奥运会开幕 100 天倒计时。该阶段就是让团队全部聚焦于大家为之奋斗的特定目标和集体结果。尽管每个成员都有自我意识，但理想团队的成员能够将团队集体利益放在个人利益之上，团队成员愿意为了团队利益而短期牺牲自我。

不注重集体结果实现的团队，其存在的价值无法体现。最后的局面往往是相互抱怨、士气低落、人员流失，容易走向双输的团队被动解体。

众所周知，向公众承诺要获取成功的团队会具有更高的工作热情，更渴望取得相关成就。在理想的团队中，当团队没能实现目标时，每个团队成员能承担各自的责任以改善团队的后续表现，而且团队成员也很愿意及时认可他人的贡献和成就。

因此，有效的做法就是及时明确团队目标并让实际结果可视化。

同时奖励那些为集体成就贡献力量的成员。奖励要以工作成果为标准，这也许不够公平，但这就是团队存在的价值，即实现团队目标，而不是"我们已经尽力了"。

> **小贴士**
> **做好团队终点倒计时仪式，把握最后一次的团队重新启动**
> 终点可以激发人们实现目标，可以帮助团队更加容易断舍离，更加聚焦于团队目标。
> 由于个体成员加入团队的时间有先后，各种原因导致大家的参与程度也不同，特别是对团队目标的共识程度往往存在差异，通过任务终点倒计时（countdown）仪式，设置新的起点，让团队成员放下包袱，可以增强团队成员的时间紧迫感，有效激活团队特别是处于游离状态的团队成员，让大家最后一次重新开始，全力以赴，全情投入，放手一搏，完成最后冲刺，体验终点结局的峰终效应。

成员适配：相信人，放手团队自组织

从筛选理想的成员组建团队，到分配合适的人做合适事情，再到关注人员和任务最大可能的匹配度，随着阶段任务的推进，团队成员通过磨合，相互间的信任不断提升，团队成员开始更加关注集体目标，由强调自己的分工开始发挥团队角色的作用，从而迈向团队协作。

1. 团队自组织也是一种组织

随着团队阶段任务进入中后期，团队成员看到了胜利的曙光，但也许会碰到黎明前的黑暗一刻，即团队成员的工作任务强度和难度都在上升。这个时候，对于一个理想团队来说，团队自主性在提高，自组织往往自然涌现。这个时候团队领导者如果过分地插手干预，反而会影响成员的积极性和效率，其角色应该更像一个仆人式的团队教练一样，充分授权，并主动为团队排除障碍，处理团队例外情况。也就是我们常说的敏控状态，即团队成员被充分授权，这样团队成员能人尽其才，从而确保弹性敏捷的工作，而团队领导者遵循例外管理原则也确保了团队整体目标的可控性。

我们可以用孩子来类比"自组织"。父母在家里举办一场聚会，聚会结束的时候，房间里乱七八糟。这时候大人会对孩子们说，"快点收拾起来,你们就能够看电视了",通常房间依然会是乱的,直到大人打开电视,并用关掉电视来威胁他们。如果不用这种"精细"的管理方式,而是一开始就让孩子意识到,只要玩具能够归位、房间整洁,就能够看电视,结果通常是房间会整洁,孩子能够看电视,大人也不会很累。

事实上,实际做事的人通常也是最清楚如何完成工作的人。在自组织敏控环境下,团队领导者应该信任他们对工作的估计。如果他们创建了一个计划,并且他们本身对完成这项工作负责,那么多半那个计划就会真的完成。

自组织创造了一种互相尊重的文化。我们拿一个典型的项目团队来举例,项目经理可以授权小组经理关注产品交付,小组经理就会感到被信任。这个原则可以扩展到工作之外,包括团队工作的方法、团队成员之间的互动方式。虽然项目管理委员会对整个项目最终负责,但实际上,在敏控环境下,项目组越被授权,越会取得更加出色的业绩,进而达成项目目标和成果。

2. 团队自组织的准则

对于自然涌现的自组织团队而言,因人而异的个性化场景特征比较突出。无定式、个性化和动态化的自组织团队可以参照以下四项行为准则实现团队自组织的敏控状态。

公开透明

无论好消息还是坏消息,在敏控环境下,团队信息都应该公开,团队成员能够示人以真,能充分而且容易地表达自己的想法和观点。这个行为准则的核心要素来自于敏控的基本价值观:诚实、信任、正直、尊重。公开透明的行为准则是敏控实践中非常重要的部分。

例如，在一个为期三个月的项目阶段中，项目团队将展示工作进程的燃尽图挂在办公室的墙上。所有相关方都能看到实际的进度和计划的进度差距越来越大，项目团队就非常容易意识到项目离目标越来越远，他们会自组织地纠正偏差，而不需要被动地由团队领导者安排工作来纠正偏差。

协作互助

如果团队成员能够一起工作并互相帮助，那么整个团队表现出的战斗力会高于每个人的战斗力之和，这就是协作的价值。协作不仅仅是针对团队内部，还包括与团队外部的利益相关方协作，特别是与用户的协作。要建立"与用户一起工作"而不是"为用户工作"的意识行为，这将有助于团体和外部利益相关方对团队目标及任务成果有一致的理解，并愿意为此承担起责任。

例如，一位团队成员遇到一个较难的技术问题，导致进度延后，另一位团队成员则超计划完成了他自己的工作，他应该主动去帮助进度延后的团队成员。创变型团队领导者需要营造这种在互相尊重的基础上，互相帮助、共同前进的团队文化，这是构建高效团队的重要文化保障。

充分沟通

人们应该总是使用最高效的渠道来沟通，例如面对面的沟通就远胜于文字沟通。团队如果能够营造互相信任且每个人都会履行自己承诺的文化，那么充分沟通的环境就能够建立起来，信息就能够自由地传递。当然，文档依然会用来沟通，但如果有其他更加有效的沟通渠道，就可以避免或减少文档的使用。

例如，团队中的三位成员通过电子邮件沟通一个可能的设计变更，已经讨论超过一个小时，依然没有取得实质性进展。其中一位团队成员离开自己的座位，邀请另外两位来到白板前，面对面地讨论那个可能的设计变更，他们只用了几分钟就迅速达成一致，工作得以继续，这就是充分沟通的行为方式。

积极探索

团队对于没有参照物的任务能采取主动积极的探索行为。

以一个项目任务为例，为了交付一个"正确的东西"，项目团队需要确定"什么是用户真正想要的"，而这个答案在项目早期往往是不清楚的，多数情况下用户也并不清楚。项目必须通过"探索"才能获得答案。因此项目团队需要频繁地迭代，并用各种各样的形式反馈给相关方，以便帮助项目不断"学习"，这个学习可以帮助项目找到"什么是用户想要的"。可以与用户、其他团队成员或相关方一起使用敏捷实践指南中的技术，来探索项目最终交付的是什么。

2020年4月29日，国内权威媒体发布了这样一个消息：腾讯全程参与制定的"个人健康信息码"系列国家标准当天正式发布。

2020年2月9日，为了应对"新冠"肺炎疫情，腾讯科技抗疫产品健康码上线；3月6日，由腾讯云牵头的深圳地方标准《防疫通行码参考架构与技术指南》正式发布；4月29日，健康码国家标准正式发布。从探索实践到推出国家标准，一共不到三个月的时间。这在国内的标准化专业领域里可谓前无古人。此事激起了很多标准化专业人士的好奇和关注。作为曾经标准化领域的普通一员，我也特别感兴趣：在腾讯，是一个什么样的团队，怎样完成了这个"不可能完成的任务"？

刚好，机缘巧合，前不久我对腾讯健康码标准项目的负责人Cathy进行了一次访谈，言谈话语间，我对这个项目，更确切地说，应该是对这个团队有了深入的了解。以下内容就是这次访谈的实录

（为保持真实性，对访谈口语做了最小的改变，同事和同学在内部称呼比较随意）。

案例

有目标无定式的自组织团队
——腾讯"个人健康信息码"标准项目团队访谈录

我：腾讯的健康码国标项目是怎么开始的？

Cathy：春节期间，为应对疫情，腾讯公司产品团队迅速行动，推出了健康码产品。在产品实施的过程中，触发了标准需求；当时，众多厂商在全国各地推出各种场景下的健康码，互相之间的互通互认非常困难。因为对标准本身的敏感，我立即联系公司的产品团队同事，临时组成跨团队工作小组，包括产品、技术、运营等方面，以及标准团队自己的同学，一起开始沟通标准项目计划。很快我们就达成了一致，形成了健康码标准规划，准备在多个维度推动健康码标准化。其中，在特殊时期得到了深圳主管机关的大力支持，以快速通道的方式，用一个月发布了深圳的健康码标准。其后积极参与国家标准编制，紧密配合标准机构工作，健康码系列三个国家标准也在4月底正式发布。

我：也就是说，这个项目的从立项到交付，不是腾讯公司有计划的推动行为？

Cathy：在腾讯，一些紧急的事情，往往是先以虚拟项目组织的形式自然涌现的。我不知道这是不是就叫自组织，反正就是自己想做这件事情，就拉起有共同想法的同事做起来，一般一边做一边汇报，共同面对需要解决的一个个问题。团队中的同学可能身在各个地方。何况疫情期间，团队同事肯定都是无法在一起工作的，整个过程都在线上进行。包括我们深圳标准的立项和结项专家评审等各个会议，都是在线上使用腾讯会议系统开展的。

我：虚拟团队，自组织？这个很有意思，可以详细说一说吗？

Cathy：我们是这样看待这个话题的，临时虚拟团队的出现，是因为业务的快速变化，一个业务的成功，无法依赖于组织固定架构下的某个团队，而是需要跨实体团队整合资源，形成多方协同的工作模式，共同实现某个业务目标。

在跨团队组合虚拟团队的时候，一个业务会有一个核心实体组织负责人，他会去联络相关团队共同组成这个虚拟团队。在选择构成团队的时候，实体团队之间在日常工作中形成的信任和理解就非常重要，要让团队之间互相知道彼此的工作责任和能力水平，平时内部宣传互相理解对方的工作范畴、团队之间的沟通互动至关重要。

在虚拟团队成立后，为达成整体目标，完成一个个任务，定期的汇报和沟通也跟一般的项目团队相似。但是有一点特别不同，虚拟团队的工作汇报会涉及很多相关方，其中互联网技术工具为沟通带来了很大的便利。

我：在你们的自组织虚拟团队，谁对这个项目的结果负责？

Cathy：一般来说，就是这件事情的主要负责人，对结果负责，对过程方法进行决定和沟通。我还有一个感受，这种事情能成功，取决于和产品团队很熟悉，他们对我很信任。在大平台上，每个独立的个体没那么重要，充分与大家沟通协同工作才关键。

我：在这么短的时间里完成了国家标准的发布，团队怎么评价这个项目？

Cathy：在这次疫情期间，科技产品发挥了非常重要的防疫抗疫价值。尤其是健康码这一现象级产品，让国人印象深刻。随着科技抗疫的逐渐深入，尤其是各地复工复产背景下，标准化的诉求随之而来，互通互认是关键。创新产品的标准化，也应该有创新方法。不论公司领导、外部标准组织、政府部门都非常支持和认可健康码标准，健康码将来会成为社会治理科技创新能力的起点。标准化的工作也没有停止。

这个标准化过程，确实让我个人也感受很深，收获极大。

我：如果现在做个复盘的话，有什么特别需要分享给大家的经验？

Cathy：应该有很多，但我想集中分享三点经验——

第一，虚拟团队得到公司领导的支持，在腾讯形成了一种工作文化。腾讯讲团战，就是这个意思。

第二，信任，互相之间精诚协作，能照顾到每个人的实际情况。

第三，远程工作，最大的难度是走心，及时坦诚的沟通非常重要。

我：谢谢Cathy，希望未来可以听到你们的更多分享。

Cathy：一定的！最后还有一点补充，就是公司领导特别建议我们讲好标准故事，团结更多的人，促进这个项目的持续成功。

应用场景：七招玩转团队授权

每个团队独有的差异化以及动态化特征，必然需要团队领导者能够因地制宜、因时而变、因人而异，基于团队实际场景主动推动理想团队的进化。和其他章节特别选择的不同应用场景适用团队生命周期类似，本章选择如何授权的场景应用，并不代表只有团队任务到了这个阶段才有授权的概念。事实上，团队授权的话题从团队创建开始就会涉及，之所以在这里特别论述，是因为对于团队领导者来说，自组织敏控团队的授权尤为关键。授权过度，团队容易失控；授权不足，团队成员无法基于目标和任务自发组织起来，最终还是要依赖团队领导者的安排，这样团队领导者就很容易成为制约团队潜能发挥的一个瓶颈。

1. 团队授权的七个级别

尤尔根·阿佩罗所著的《幸福领导力：可以激励任何团队的游戏、工具和实践》中，提出了下面常用的七种授权等级类型（见表5-1）：告知（tell）、推销（sell）、咨询（consult）、商定（agree）、建议（advise）、征询（inquire）、委托（delegate）。

表 5-1 七种授权等级表

授权等级	说明	举例
1. 告知	你替他人做出决定，或许也会解释背后的动机，但不期待会进行相关的讨论	公司人力资源部门用邮件通知大家年会地点和举办时间
2. 推销	你替他人做出决定，但你会尝试晓之以理、动之以情、诱之以利地说服他们接受你的决定，并让他们感觉到一定的参与感	团队领导者向项目团队推销引入敏捷项目管理框架的方式
3. 咨询	你尊重他人的观点，会在做成决定之前咨询并考虑他人的意见和想法	自组织团队成员在决定休假前都会咨询其他成员的意见
4. 商定	你和所有人一起商讨，并且作为一个团队在整体共识后做出决策	家人一起商定周末去哪家餐馆用餐
5. 建议	你向他人提供你的观点，期望他们能听取你的真知灼见，但那将是他们的决定，而不是你的。你的建议是他们决策的输入信息	团队领导者建议自组织团队应该组织一次团队建设活动，但自组织团队认为这个时间窗口不合适
6. 征询	你让他人先做出决定，事后你再让他们说服你他们的决定是明智的	团队教练让团队领导者自己决定是否采用看板沟通，然后聆听其理由
7. 委托	你把决定权彻底交给了他们，你甚至根本不想知道那些会搅乱你大脑的细节	团队领导者与团队成员已共识了这两周的阶段目标。如何完成这一目标，团队领导者彻底放手交给了成员

这七个授权等级中，以决策效率最低的第 4 级即商定为分界线，第 1 级至第 3 级倾向于控制导向，第 5 级至第 7 倾向于充分授权。其中第 1 级和第 7 级、第 2 级和第 6 级、第 3 级和第 5 级分别相对应。

但我们要特别提醒，不论你采用哪个级别的授权等级，最终结果的责任人还是授权者而不是被授权者。

2. 团队授权的三个准则

选择合适的团队授权等级是一种平衡艺术。一个基本原则就是授权双方有容许偏差的缓冲地带，即遵循充分授权与例外报告机制。实践中需要把如下三个准则综合起来使用，就可以实现适度授权、团队可控的状态：

因事不同：任务的独特性越强，越需要授权给当事人去迭代试错；出错后的代价越小，越可以加大授权当事人快速高效执行任务。

因人而异：当事人的能力越强，可信度越高，越可以加大授权，而且这样当事人也往往有种被信任感，更容易全力以赴。

阶段授权：如果确实需要加大授权，但又担心失控风险，特别是初次授权或授权失控后影响比较严重的情况，那么授权等级就需要再加一个授权时限来把控风险，即可以授权，但需要加个时间限制。

这些要点要牢记

- 峰终定律！峰终定律！峰终定律！
- 别忘了，"自组织"还是个组织。
- 我可以授权给你，但要加个期限。
- 放下骄傲和恐惧，终点冲刺更需要勇气和坚持。

06

结束，团队复盘

> 衡量一个团队是否优秀的真正尺度，就是看团队是否实现了之前自己设定的目标。
>
> ——帕特里克·兰西奥尼

"天下没有不散的筵席"。任何一个团队都会走到任务结束阶段，或团队彻底解散，或团队调整改变、重新集结。这个结束阶段是团队领导者基于时间或事件里程碑人为定义的。这个阶段的重要任务就是进行团队复盘，沉淀经验，汲取教训。还要特别安排有仪式感的活动，去认可和感激团队成员以及有特别贡献的利益相关方。

06 结束，团队复盘

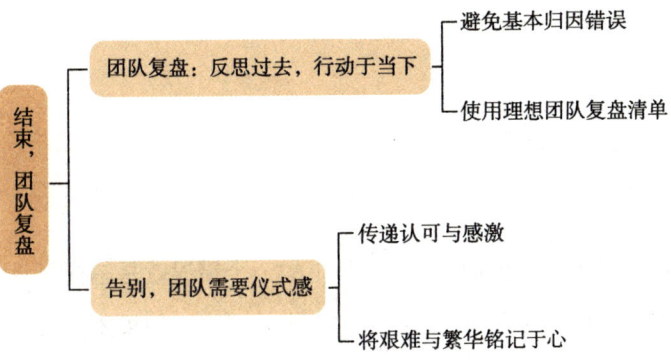

团队复盘：反思过去，行动于当下

在结束阶段，团队成员最容易犯的一个错误就是忽视复盘。复盘不仅是对过去经验的沉淀，更是对未来的展望。如果团队最终实现的结果让人满意，我们通过复盘得到的是津津乐道的宝贵经验；如果结果不尽如人意，我们通过复盘得到的是刻骨铭心的教训。

> **小贴士**
>
> "复盘"原是围棋术语，本意是对弈者下完一盘棋后，在棋盘上把对弈的过程重新摆一遍，看看哪些地方下得好，哪些地方下得不好，哪些地方可以有不同甚至更好的下法。这个把对弈过程还原并且进行研讨、分析的过程，就是复盘。
>
> 通过复盘，棋手们可以看到全局以及整个对弈过程，了解棋局的演变，总结出适合自己和不同对手的套路，或找到更好的下法，从而实现自己棋力的提升。
>
> 在管理中，复盘是指从过去的经验和实际工作中进行学习，帮助管理者有效地总结经验，提升能力，发现机会，实现绩效改善。中国古语中的"吃一堑，长一智""前事不忘，后事之师"都是这个道理。

一般来讲，复盘有如下四个原则：亲身经历、已发生、及时、学以致用。

亲身经历：按照来源，人类的学习途径与方法可以分为"自己学习"和"向他人学习"两大类。"自己学习"的主要方法是复盘，自己过去的经历是人们获取信息、对信息进行加工与处理的主要途径。

已发生：从本质看，人类通过"试错法"进行学习。成年人最主要的学习来源是过去的经验，而复盘就是从自己过去的经验中进行学习的结构化方法。

及时：人都是感性的，第一时间的直觉和感受往往更趋近于真实，因此做到有效复盘的一个重要原则是"越快越好"。

学以致用：复盘是以学习为导向的，不同于一般的工作总结。通过培训、听讲等形式获得一些知识和信息不是学习的根本目的，学习的本质是获得启发、见解，提升自己的见识和能力，从而提高个人的有效行动能力。让自己的行动更有效。因此，检验复盘质量的标准是看后续行动是否更加有效，即复盘不能仅仅明白"这样做不对"，也不能只是做了一些所谓的"推演"、假设就算完事。

另外，做好团队复盘，还需要两个必备条件：一是团队成员要避免基本归因错误（fundamental attribution error）；二是团队复盘需要有合适的工具，即"工欲善其事，必先利其器"。

1. 避免基本归因错误

基本归因错误是一个心理学上的专业讲法，其含义是人们往往倾向于把他人做出错误行为的原因归结为其本身，如性格、素质等，认为是内因造成的，而将自己的错误行为归结为环境因素，认为是外因造成的。例如：我看到一个爸爸在幼儿园的门口对他 5 岁的女儿怒目而视、大声呵斥，我可能认为这个爸爸脾气暴躁；但如果我在幼儿园的门前对我自己5岁的儿子大发雷霆，我可能会认为我的行为是孩子的任性导致的。

在这种错误的归因中，我们将自己的错误归因于外力，即所处环境的问题，却将别人的错误归因于其自身内在的问题。不愿意正视自己的问题，我们就无法反思过去，更谈不上面向未来。

有一些做法可以帮助我们跨越基本归因错误。我们在前几章也反复强调过，比如帮助团队成员彼此了解，让他们拥有尽可能多的信息，知道其他人是怎样的、他们为什么会有这样的行为，等等。但最好的方式是我们每个人真正放下骄傲和恐惧，真正希望我们可以在未来做得更好。团队成员时刻提醒自己不犯基本归因错误，团队才能进行有效复盘。

2. 使用理想团队复盘清单

基于理想团队进化模型的团队复盘清单作为一个适合的工具，常常被我们用来进行团队复盘。清单的好处在于简单易用，我们可以通过对照清单上的问题检查团队向理想状态进化过程中的成败得失。一般会通过团队目标、成员适配和应用场景三个主题进行复盘，然后总结出最大的教训和最好的经验（见表6-1）。特别需要说明的是，人们眼中的"理想团队"不一定要逐条满足清单上的所有要求，但是通过对照清单，你一定可以找到团队成功的原因或者阻碍团队成功的问题所在。而这些经验教训才是指导我们面向未来、行动于当下的宝贵财富。

表 6-1 理想团队复盘清单

主题	内容	团队复盘
团队目标	• 团队成员是否一起共启愿景 • 团队成员是否一起拆解团队的阶段性目标以及支撑阶段性目标的关键结果 • 团队成员是否共识了阶段性目标和关键结果 • 是否带领团队力争一个好的开始，争取实现团队的第一个快赢里程碑目标 • 如果团队出师不利，是否尝试重新启动，着眼于下一个里程碑目标 • 是否识别了团队在任务执行中的低潮期 • 是否对团队低潮期进行了主动干预 • 是否把任务周期划分出管理阶段，并设置阶段性里程碑目标 • 团队成员是否对执行中期的阶段性目标做出了公开承诺 • 是否强化了团队对达成目标的紧迫感 • 是否举行了团队冲刺的倒计时仪式 • 是否激活了游离的团队成员，把握团队最后的重启机会，让大家全力以赴，放手一搏，体验峰终效应 • 是否让团队实际的工作效果可视化 • 是否强化聚焦团队利益，而不是个人利益 • 是否进行了团队复盘 • 团队是否能够直面实际结果，回顾实际结果与预期结果的差异	
成员适配	• 是否招募了理想的团队成员（团队的领导者也是团队的一员） • 是否识别了团队成员的本色（天性） • 是否根据团队成员的天性，做到人事匹配 • 是否根据团队成员的天性，做到人人匹配 • 是否可以识别由于不匹配而造成的风险 • 针对无法匹配的情况，是否有策略进行应对 • 是否坚持发展全能团队 • 是否识别了成员的团队角色 • 是否根据成员的团队角色，发挥组合的力量 • 是否遵循四个敏捷行为准则，放手团队自组织，确保团队能够弹性敏捷地工作	

（续表）

主题	内容	团队复盘
	• 是否主动为团队排除障碍 • 是否遵循例外管理原则处理团队例外情况，确保团体整体目标的可控 • 团队成员是否做到复自己的盘，避免基本归因错误 • 团队成员是否能够面向未来，总结成功经验与失败教训	
应用场景	• 团队成员间是否具备基于弱点的信任 • 团队是否鼓励进行 38℃冲突 • 团队成员是否能够进行关键对话 • 团队是否具有 38℃冲突契约 • 团队是否定期进行有效性练习 • 是否避免了团队会议的主题杂乱和拖沓冗长 • 是否将会议分类召开 • 不同类型的会议是否有原则、方法或工具可以遵循或使用 • 是否争取到了利益相关方的最大支持和投入 • 是否采用诸如七个授权级别的方式精细化管理团队授权 • 是否可以做到因事不同进行授权 • 是否能够做到因人而异进行授权 • 是否做到了按阶段进行授权（即授权可以，但要加个时限） • 是否举办了一个正式的团队告别仪式 • 是否对团队成员进行了感谢与奖励	
最大的教训		
最好的经验		

当团队可以避免基本归因错误，并可以使用合适的复盘工具时，这意味着我们具备了进行有效团队复盘的基础能力。但我们进行团队复盘的意愿呢？对于很多人来说，做团队复盘其实是在考虑自己如何才能成为一个理想团队的领导者。但我们要说的是，在考虑自己如何

才能成为一个理想团队的领导者前，首先要考虑的是自己为什么要成为一个领导者。复盘也许可以帮助你得出这样一个平静而理性的结论：**或许你根本不想成为一个真正的团队领导者！**

告别，团队需要仪式感

李思圆在《生活需要仪式感》中说："拥有仪式感，你才能真正成为有爱、有温度、有人情味的人，得到认可与尊重，收获惊喜、浪漫、幸运与精彩。"

如果你想成为理想团队的领导者，请切记为每一个对团队来说重要的瞬间选择一个独特的、走心的仪式。仪式感能把本来单调普通的事情变得不一样，并让人们对此怀有敬畏之心。这是团队在结束阶段进行告别时特别需要的。对于团队来说，在仪式中告别既可以让人们享受美好的一切，也可以让人们坦然面对糟糕的一切。

1. 传递认可与感激

团队领导者一定要明白：团队的告别环节不在告别本身，而是通过告别的仪式让团队成员增长心智并感恩团队带给他们的力量。因此，告别仪式的主题是认可与感激。我们可以因地制宜、因人而异地设立不同的奖项，每个奖项一定有其设立的理由，理由一定是为了鼓励一种精神、一种行为和一个结果，比如"积极主动（taking initiative）""创新（innovation）""突破（breakthrough）"等。奖项可以是给个人的，也可以是给团队的，特别是今天很多挑战和难题都需要通过团队来攻克，奖励团队能让人们更加意识到协作的重要性。有些组织甚至会提前公布团队奖项，从而激发团队达成目标、争取获奖的斗志。

2. 将艰难与繁华铭记于心

艰难是大家一起经历过的；而"繁华"在每个人心中各有各的收获，人们在告别仪式中的分享会掷地有声，没有什么比真情流露更加感人，更何况这里还包含了打败挫折后得到的荣耀、经历艰辛后所获得的感悟，等等。有些人通过这个团队和共同完成的项目学到了他们靠自学学不到的东西；有些人重新认识了同伴，收获了友谊；有些人对自我有了重大发现，于是更加自信和谦卑；有些人突然知道冲突其实不是坏事，然后变得更加坚强和不畏挫折……。这些看似简单的心得才是团队成员应该珍惜和共勉的，因为这些可能是他们人生历程中不可或缺的财富。可能有一天，他们已经记不清项目或团队的细节，但是他们成长了、成熟了，更加强大了，这是一个理想团队可以带给大家的终身礼物，这些都需要在告别仪式中强化。

千万不要小看这个告别仪式，团队成员是因为团队目标而凝聚在一起的，他们也许要为一个新的目标离开。即使离开，也让他们缅怀美好并充满能量地成为下一个理想团队的成员吧！

理想团队复盘清单使用案例

"理想团队"并非一日之功,也非浑然天成,且须经历风雨。有些团队即使历经坎坷,也不一定能找到"理想团队"的真谛;有些团队好像与"理想团队"有缘,纵使历经挫折磨难,始终能于风雨后以新的模式展现"理想团队"的状态。本书作者中有三位曾经先后经历同一个团队向着理想团队进化的不同阶段,时间跨度超过 10 年。

因此,在介绍如何使用理想团队复盘清单进行团队复盘的时候,我们特别希望分享自己作为躬身入局者的一手故事,一来向大家展示如何基于清单进行团队复盘;二来也希望以这次复盘为里程碑,告别我们的过去,奔向我们的未来。进行复盘的时间点,我们定为 2016 年 5 月,因为从那时起,这三位作者纷纷顺应专业人士"零工经济"的潮流,华丽转身成为"零工"。不同于以往依靠公司组织平台的范式,我们再一次以项目制的"联盟"方式形成一个新兴团队,为了共同的目标携手前进。

我们共事的企业是一家国际专业服务机构的中国分支。从 1996 年起,经过 10 年在传统业务领域的打拼,我们发现,传统业务的市场同质化日益严重,导致竞争态势日渐严峻。大家意识到,客户需要的是差异化价值和服务,于是我们决心投资新业务。T 团队就是在这种情况下组建的。公司在T团队所代表的新业务方向上有清晰的战略，并愿意投入人力、物力等多种资源孵化这个未来业务。T团队在此后的13年间不断发展壮大，从最初的年营收人民币100万元到13年后的数千万元，从创始时的5个人到后来的50多人，没有一年不增长，在公司的全球布局中没有一年不为整个中国分支争光！

这个旁人眼中的"理想团队"要做的是一件当时公司里没人做过、行业内也少有人做的事。最初的团队成员都没有相关经验，这意味着大家要一边做一边学，在摸索中快速成长。

接下来就让我们一起开始我们的团队复盘（见表6-2）。

表 6-2　T 团队理想团队清单复盘

主题	内容	团队复盘
团队	1. 团队成员是否在一起共启愿景 2. 团队成员是否一起拆解团队的阶段性目标以及支撑阶段性目标的关键结果？团队成员是否共识了阶段性目标和关键结果 3. 是否把任务周期划分出管理阶段，并设置阶段里程碑目标 4. 团队成员是否对执行中期中的阶段性目标做出公开承诺 5. 是否让团队实际的工作效果可视化	1. 团队刚组建那年的年会上，团队领导者做了一个震撼了我们每个人的主题分享——"一生只做一件事，营销你自己"，也是在那次年会之后，大家共识了 T 团队的愿景，那就是站在公司上全球最佳团队大奖的领奖台，而不仅仅是拿下中国最佳团队大奖。 2. T 团队将自己的业务拆解成三个单元，每个单元都有其定位和关键结果目标。那个过程大家讨论特别充分，也很激烈，最终我们每个人都理解了这样做的目的。 3. 伴随业务拆解，团队领导者进行了组织架构的重组。重组做得近乎雷厉风行，但这样做让我们在混沌之际少了些纠结，自己的业务侧重。 4. 为了目标的达成，团队领导者对成员的奖励政策由传统的"苦劳"转变为"功劳"，即对值导向进行改变，这个做法在当时受到了来自各个方面的极大阻力，但团队领导者鼓起勇气，坚持到底，实现了改变。 5. 团队在进化过程中，一度将公开课作为一个重点发力的业务单元，实行按照月度倒计时管理公开课。那时微信群刚刚开始被人们使用，而我们当时建了一个全国公开课管理微信群，公开课团队全体成员每天 17:00 在群里报告当月已经实现的业绩数字，与目标的差距和当天的招生情况。但恰恰是这种朴素的让工作效果可视化的做法，让公开课实行的同事们心理上都无杂念，放手一搏。时至今日，公开课成为 T 团队稳固的业绩支撑，也成为业内的一个标杆。

（续表）

团队复盘

主题	内容	团队复盘
成员适配	1. 是否招募了理想的团队成员（团队的领导者也是团队的一员） 2. 是否可以认别由于不匹配而造成的风险？针对无法匹配的情况，是否有策略进行应对 3. 是否根据团队成员的天性，做到了人事匹配 4. 是否根据成员的团队角色，发挥组合的力量 5. 是否遵循四个敏捷行为准则，放手团队自组织，确保团队能够弹性敏捷地工作？是否为团队主动排除障碍 6. 团队成员是否做到复盘自己的言行，避免基本归因错误	1. 毋庸置疑，对团队来说，选对人重要，选对团队领导者更是重中之重！T团队历任的领导者都具备这样的特征：以公司赋予的使命为己任，具有坚定的信念，既能够为团队描绘愿景，又能够时刻以身作则，带领大家撸起袖子努力前行。 2. 对于T团队来说，成员适配从一个侧面就能体现出来。那就是在团队的进化过程中，被我们主动处理、安排离开这个团队的人往往是站在团队的视角上不适合、不适配的人。 3. T团队中，以交付为导向的专业人士最后都选择了离开，因为他们在最享受自己的工作。因为导向不一致导致的不匹配，不匹配最终都选择了离开。以效率和质量为导向的销售团队规模越来越大。早期对运营中的多面手要求转向了专业化，标准化工作的要求。因此造成了人员的流动。我们后来有意识地对运营同事进行了吐故纳新的再匹配，特别值得一提的是请来了一位优秀的运营经理，不能不说这是一件幸事。那个时候还鲜有用4D探究和了解团队成员天性的做法，最大的收获是销售同事自己了解了自己的业务是如何做成的。 4. T团队为客户提供的是服务。因此具备有良好合作关系的大客户对于我们来说非常重要了。针对不同大客户，我们出谋划策，有人安排人单打独斗，而是配备了不同的专项任务小组，类似特种作战小队，有人侧重于协调资源、维护关系；有人侧重于完成交付，实施落地。现在看起来这么恰恰是发挥了贝尔宾团队角色中组合的力量。 5. T团队的进化过程中，几次突破了业务规模的瓶颈，靠的是团队的自组织。我们的业务单元中有一个单元是相对可的新业务。如何让这个新业务发展起来？团队领导者选择了放手团队自组织，一来放手给予这个业务单元的团队的负责人明确的管理边界，并帮助小团队排除前进路上的障碍。二来放手团队领导者与这个小团队的负责人明确预期的结果。随着T团队业务发展和地域扩张，项目制的虚拟团队、跨地域的虚拟团队，逐渐成了主流，而自组织成了我们的一种选项。 6. 对于T团队来说复盘是个必修课，因为复盘让我们在未来做得更好。至今还记得我们曾经针对公开课进行的一次复盘。对于公开课来说，什么是客户MOT（关键体验点）？在没有复盘之前，我们一直笃定为是课程设计得好不好、讲师授课效果好不好等，可当我们拿到一千多份学员一对一电话调查的反馈时，卷结果时才明白，原来在客户心中排名第一的是公开课第一天安排的午餐和茶歇。后来T团队造就的业内公开课标杆盛誉，这一点功不可没。

（续表）

主题	内容
团队复盘	
1. 团队成员间是否具备基于弱点的信任？团队是否定期进行有效性练习	1. T团队从创建之初就不遗余力地组织各种团建活动，目的是创建更多团队成员在一起的机会，促进彼此相互了解和熟悉。可能你会说这没什么特别的，很多公司都会这样做。可是我们的团建互动在可行的情况下不会让人的。可能邀请团队成员带家属，让大家尽可能邀请团队成员带家属，让大家和他们在一起。那时候团建中大家常常彻夜不眠地玩"杀人游戏"，以及在家人面前的行为，忘我表现，你就会发现那个不戴面具的真正的他。
2. 是否避免了团队会议的主题杂乱拖沓冗长	2. T团队发现我们构建的是这样一种文化：批评和自我批评。在这个团队中，大家愿意开口讲话，而不是沉默。在我们的记忆里，团队的领导者会主动组织批评和自我批评。这种文化也体现在团队会议中。会议中人们常常会发生争论，这些争论很有建设性，但也带来了一个问题，就是"会议乱炖"。这个问题的最典型体现就是团队会议超时严重，效率又不高。因为这个问题，当时的团队领导者还被我们冠以"夜总会"的绰号。时至今日，他还对此"耿耿于怀"。后来这个开会乱炖的问题解决了——会议的时间盒子严格控制，主题十分聚焦，时间到了就结束。但代价也不小，因为这个我们共识的回忆规则，这里有很多人记忆犹新的高额罚款。
3. 是否争取到了利益相关方的最大支持和投入	3. T团队的发展离不开团队外部利益相关方的支持和帮助。在这方面，T团队的领导者是通过找到共同利益而实现的。比如，获得全球总部的支持，是因为T团队在中国分支提供他们重要的财务贡献和未来源；获得中国财务团队的支持，是因为T团队承担了自己财务的责任和义务，协助中国财务团队成为全球应收账款管理的标杆；获得公司市场部的支持，是因为T团队尽力为给予市场部同事们在行业专业知识方面的助力。还有一件事让人印象深刻，就是寻夫联和挖掘公司离职老员工的潜力。在T团队中，不少同事"二进宫"，甚至"三进三出"，这是在团队领导者的眼光不是问题，只要这些老同事是理想的团队成员，团队就始终对他们保持开放。时至今日，很多已经离职的老同事依然是T团队贡献的编外一员，为这个团队贡献了自己的力量。
4. T团队的领导者一直将授权作为团队管理工作的重要手段。我们想特别强调的是，T团队的授权不是一刀切型的，而是精细化的、动态的。团队的领导者在授权的时候给我们印象最深的就是经常讲的一句话：授权不是授权的权限太大了，授权的权限就会有所调整。	4. T团队的领导者一直将授权作为团队管理工作的重要手段。我们想特别强调的是，T团队的授权不是一刀切型的，而是精细化的、动态的。团队的领导者在授权的时候给我们印象最深的就是经常讲的一句话：授权可以，但要加于时限。
5. 是否对团队成员进行了感谢与奖励	5. 曾经在T团队工作的每个人都会对奖励和认可记忆犹新。因为在这个团队，对做出成绩的人进行奖励和认可是一种习惯。值得一提的是，T团队的奖励和认可特别走心，尤其体现在奖励因人而异。比如对专业人士进行奖励的时候，奖品的选择要让这些年龄偏大、长期出差、讲究很多细节的人感觉到暖心；对销售同事的奖励则更多体现在真金白银上；而对运营同事的奖励，一定要让这些青年男女感到兴奋和开心。更重要的是，无论奖什么级别的奖项和奖励，颁奖的时候都会有一个庄重的仪式。奖励和认可，在T团队是认真的、走心的。

（续表）

主题	内容	团队复盘
最大的教训		1. 在团队的进化过程中，缺乏教练的指导，靠自己的摸索走了不少弯路。这对个人来说加速了成长，但对团队达成目标来说影响了效率。教训深刻的就是在下团队壮大后，按地域和专业分成作战单元，各个作战单元呈现出了自组织的趋势，但那时缺乏对自组织小团队的辅导，而是特别强化了对业绩的跟进和拉动，造成业绩波动和一些负面的人员问题。如果那时有教练指导，这些坑和弯路是可以避免的。 2. "夜总会"的问题，却与团队效率直接相关。如果当时不及时纠正，后果还是比较严重的，因为这开始严重影响团队的家庭生活了。永远不要忘了，家人就是团队成员最重要的利益相关方，没有之一。
最好的经验		1. 选对人。很多时候是因为人匹配了，所以事就做对了。今天我们可以说下团队的历任领导者以及他们选择的下属团队领导者大多数都是对的人。 2. 政策破局。团队领导者为了带领团队实现团队目标，要有勇气做改变！当时团队领导者顶住压力对团队成员奖励分配政策的改变，在今天看来毋庸置疑是一个关键成功要素。

这些要点要牢记

- 基本归因错误是一个人无法成长的根源。
- 复盘不是为了总结过去,而是为了面向未来,行动于当下。
- 当你在带领团队遇到僵局时,不要忘了参考一下这个复盘清单。
- 为每一个对团队来说重要的瞬间选择一个独特的、走心的仪式。

07

团队教练：撬动团队进化的支点

> 一个人的职位越高，他的成功就越取决于能否让别人成功。从本质上说，这也恰恰是教练的责任。
>
> ——沃顿商学院教授
> 亚当·格兰特

为每个团队聘请一名专业外部教练不是不可能，但可能不现实，或者说会需要更多的时间解决团队的问题。对任何团队来说，最好的教练就是领导这个团队的管理者。要想成为出色的团队领导者，你需要走上成为一名优秀教练者的自我修炼之旅。

事实上，每个团队领导者都在有意无意间履行着团队教练这一角色。但要想加速进化打造出一个理想团队，特别是最大化释放团队潜能，快速有效降低团队干扰，教练的心智思维、方法技术以及能契合团队场景的具体应用则需要团队领导者的主动学习和刻意修炼。

考虑到教练本身的专业性和团队教练实践的新兴涌现，本章内容对团队教练话题更多的是抛砖引玉的启发，目的是帮助那些对团队教练这一角色和价值有兴趣、希望继续深入探寻的团队领导者找到可行的切入点及参考路径。

07 团队教练：撬动团队进化的支点

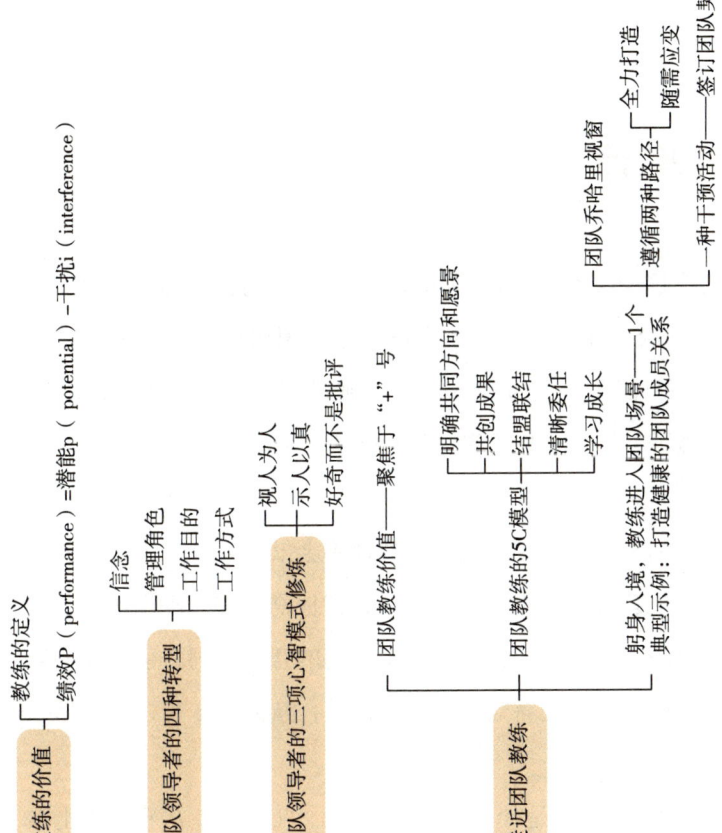

教练的价值

教练这个角色不是团队出现之初就有的,而是逐渐演化而来。1875年,哈佛和耶鲁两所大学举行了美国历史上最早期的橄榄球比赛,耶鲁聘请了一名主教练,而哈佛没有,在之后的30年比赛中,哈佛只赢了4场,后来哈佛也开始聘请教练。

体育界有教练,我们习以为常,所有的运动员和运动队,即使他们已经达到了世界顶尖水平,身边也不会缺少教练。事实上,教练并不一定在技艺或能力上高于运动员,但他需要在运动员/运动队面临内外部挑战、变化、挫折时,激励他们的意志,同时引导他们客观冷静地看待问题,找到有效的路径去调整,从而一步步走出困境,迈向成功。

教练(coach)是什么?牛津词典上"coach"的释义有七条,其中历史渊源最久的当属第六条:载人四轮马车。回归原义,coach是一辆车,而被教练的人是赶车的人,经由coach这种工具,赶车的人能够到达自己想去的地方。可以这样理解,在教练的过程中,具有主导权的正是被教练者自己。

经典畅销书《高绩效教练》的作者约翰·惠特默是这样诠释教练的:"教练是一段旅程而非指导或教授;通过由内而外地激发而不是通

过被告知或教导；教练的过程就是要开启人的潜能，通过最佳方式持续地达成目标。"教练不仅仅是一门技术，更是一种新型的合作关系，一种新的思维模式，一种新的潜能释放方式。

1974年，蒂莫西·高威出版了《网球的内心博弈》这本书，该书很快得到了人们的关注。高威说："真正的对手不是比赛中的对手，而是自己头脑中的对手。"他宣称，如果一名教练可以帮助一位选手摆脱或是减少影响他的内心障碍，那么不需要太多技术上的训练，强大而自然的学习能力和表现能力将给我们带来意想不到的成绩。

作为一名教练，高威宣称能在20分钟内教一个人学会打网球。其中第一位参与体验的被教练者是一位体重170磅（约合77.11千克）、多年不运动、穿着木桶一样长裙的家庭主妇莫莉，但她不可思议般地学会了！在采访中高威说："我并没有教她打网球的技巧，我只是帮她克服了自己不会打网球的固有信念，只是帮她将注意力集中在网球上，她的心态经历了从'不会'到'会'的转变，就是这么简单。"

高威为我们带来一个简单的"内心博弈公式"——

绩效 P（performance）= 潜能 p（potential）- 干扰 i（interference）

内心的障碍通常比外部的障碍更加令人生畏。教练的本质就是将人们的潜能（p）释放出来，去除内心的干扰（i），帮助他们达到最佳绩效状态（P）。

回归到团队场景，在团队"绩效曲线"中，典型的团队发展会经历冲动任性期、依赖他人期、独立自主期、相互依赖期四个进化阶段（见图7-1）。理想团队进化的过程，正是干扰不断减少、潜能不断被释放的过程。团队教练可以利用团队绩效曲线这一工具，帮助团队理解和觉察团队的真实状态，进而帮助他们改变现状，实现目标。

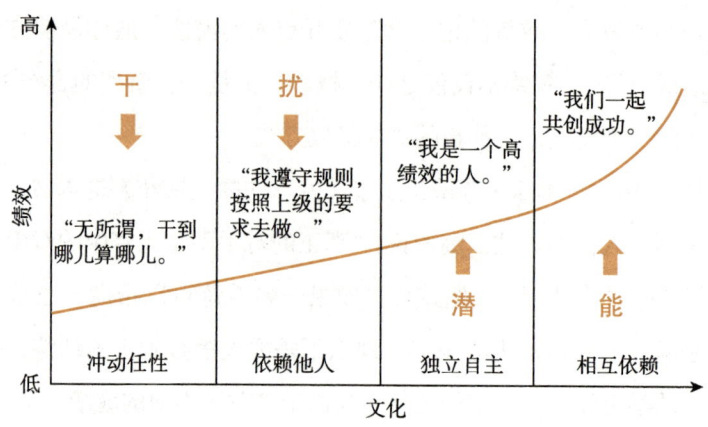

图 7-1 团队绩效曲线

在冲动任性期,什么都有可能发生,很难说。没有明确的制度和规矩,团队呈现出一种随意性和不可预测性。团队绩效水平一般很低(见表 7-1)。

表 7-1 团队进化的四个阶段绩效特征

团队进化期	冲动任性期	依赖他人期	独立自主期	相互依赖期
团队呈现状态	• 什么都有可能发生,很难说 • 无规矩不成方圆 • 团队的随意性和不可预测性	• "让我做什么就做什么,只要有规则可依" • 层次和等级分明 • 更多是领导在主导和掌控	• "我是高绩效贡献者" • 系统支持个人目标 • 领导者授权给团队成员	• "我们在一起合作得很成功" • 有目标有意义的团结 • 团队高度自洽
团队绩效水平(P)	低绩效	低到中等绩效	中等到高绩效	高绩效
潜能(p)和干扰(i)	高干扰低潜能	←————————————→		低干扰高潜能

在依赖他人期，团队呈现出如下状态：让我做什么就做什么，只要有规则可依。这一阶段的层次和等级很分明，更多的是团队领导者在主导和掌控。这时团队的绩效水平有了稍许提升，从低到中等。

在独立自主期，团队成员很可能有"我是高绩效贡献者"的想法，团队支持个人目标，领导者愿意授权给团队成员。团队绩效可以从中等到高等。

在相互依赖期，团队已经到达了高度自洽的状态，团队成员之间是一种有目标有意义的团结，大家心里想的是"我们在一起合作得很成功"。这个时期的绩效一般都会很高。

团队领导者的四种转型

团队领导者通常拥有升职、加薪、发放绩效奖励甚至解雇的权力，并被默认为无论程度如何，或多或少都比团队成员在地位上更高一等。但如果你想要激发员工的潜能，让他们成就意想不到的事业，你和他们的关系就必须是基于信任、平等和最小压力的伙伴关系。

到目前为止，大多数职场人最为熟悉的管理方式不外乎以下几种（见图7-2）：上司用命令的方式，下属感到被控制；上司用说服的方式，下属不知道自己是否有选择权；上司用讨论的方式，下属会有参与感，但是工作进展比较慢；上司还可以放权，但是下属会感到被忽视。

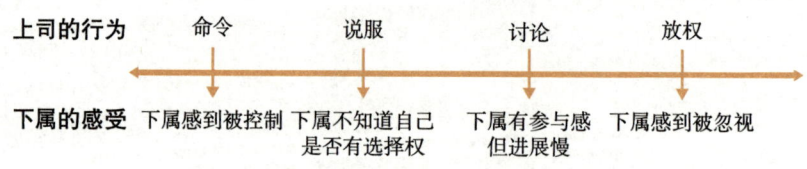

图 7-2 传统的管理方式

在特定情境下，面对特定员工，这四种典型的管理方式在一定程度上发挥了它们的正向价值。问题在于，现在情境变了，特别是随着个体的崛起，这些管理方式尤其对知识型员工明显效用不足。而教练会通过平等的支持性对话，让被教练者定位自己的目标以激发热情，清晰地看到现实以启动自驱力，为行动承诺而担负责任。无论领导者在或不在，员工始终能保持言行一致，因为他清楚地知道，是在为自己做事，为自己担责。

为此，团队领导者需要尝试在如下四个方面实现个人转型（见表7-2）。

表 7-2 团队领导者的四种转型

四种转变	传统式管理	教练式管理
信念	让平凡人做出不平凡的事	人人都是不平凡的
管理角色	领导者、上级	伙伴、支持者
工作目的	让员工做我想让他们做的事	让员工做他们想做的事
工作方式	命令、说服、讨论、放权	从命令到提问 从说服到探询 从讨论到激发 从放权到担责

第一，信念。传统式管理崇尚让平凡人做出不平凡的事，但是教练式管理倡导"人人都是不平凡的"的信念。

第二，管理角色。传统式管理认为管理者是领导者、上级，教练式管理认为管理者是伙伴、支持者。

第三，工作目的。传统式管理者认为应该"让员工做我想让他们做的事"，教练式管理者认为应该让员工做他们想做的事。

第四，工作方式。传统的管理方式有命令、说服、讨论、放权，但是在教练式管理方式中，命令变为提问，说服变为探询，讨论变为激发，管理者从放权变为担责。

团队领导者的三项心智模式修炼

在我们探讨团队领导者如何对团队进行教练这个话题之前，很有必要先讨论领导者自身教练状态的修炼这个话题。离开教练状态，单纯寄希望于教练的流程、方法和工具来影响团队提升绩效，是难以获得实效的。

举个常见的例子：在领导和员工的对话中，始终是领导者在讲话，员工很少出声，甚至问到他意见时也说不上几句，有的领导者会把它解读为"这个员工没有想法"，也有的领导者解读为"这个员工对我不认同"，而这些念头和随后的行为都是领导者独有的心智模式的产物。

教练心态的领导者会有什么反应呢？他们会放下内心评判，问员工："我看你很少说话，很好奇你的想法是什么呢？"

心智模式的转变是一个或长或短的过程，但注定不是一个容易的过程，需要持续修炼。

1. 修炼一：视人为人

正如稻盛和夫所说，无论研发、公司管理或者任何其他企业活动，活力都来自于"人"。而人是有自己的意志、自己的头脑和自己的思维方式的。假如员工自己没有足够的动机去挑战增长目标和技术开发目标，就根本不会有增长，不会有生产力的提升，也不会有技术进步。

当然人性是复杂的。回顾职场，多少年来，管理机制的设计背后遵循的对人的基本假设普遍缺少弹性和多样性。譬如"胡萝卜加大棒"的激励政策，认为人都是趋利避害的，增加物质刺激让人们玩命工作，利用人们害怕失去的恐惧心理制定惩罚规则。自我激励当然好，但没有相应的心态与文化环境支持，人们依然被视作拉磨的驴子而不是真正的人。

在一次基于丹尼尔·平克《驱动力》一书探讨激励话题时，大家谈到一个话题："激励就是让平凡的人做出不平凡的事——这句话你怎么看？"在场多数人都表示很有道理，有一位老师却说："我有不同看法。我觉得作为管理者，我们必须深信，每个人都是不平凡的。"现场变得一片静默，大家突然发现自己从来没有这样理解过"人"。集体无异议的背后反映了某种普遍存在的心智模式，而这位老师的话为大家植入了新的资源。永远不要忽视心智模式对我们的影响。

每个人都是不平凡的。作为教练领导者，我们需要做的是陪伴他们展现不平凡。

站在教练视角的视人为人，意味着要看到每个人都有能力、足智多谋、充满潜能，每个人都渴望有意义的人生并愿意为自己担责；意味着我们要放下控制他人的欲望和"我比他们优秀"的心态。如果你的团队成员知道你相信他们，这将意味着被信任、被鼓励、被支持和被平等对待，意味着他们不会受到歧视、命令、忽视、指责和控制。

请你尝试下面的活动，体验带着不同的心智模式时你的内心状态。

> **小贴士**
>
> ### 体验不同的心智模式
>
> 找到一个你可以安静 3 分钟以上的地方。想想常常和你一起工作的伙伴,然后依次尝试以下每一种模式,仔细体会每种心智模式给你带来的影响。
>
> 1. "我认为这个人是一个麻烦。"
> 2. "我认为这个人碰到了一个麻烦。"
> 3. "我认为这个人处在成长过程中,有能力、足智多谋、富有潜能。"
>
> 留意不同心智模式下,你的体验有什么不同。
>
> - 他们在你身上创造的感觉和情绪有什么不同?
> - 每种模式下,你对这个人的潜能持什么看法?
> - 你对这个人的态度会有什么不同?
> - 更多的时候,你习惯于哪种模式?

在你选择相信他人深具潜能的同时,也邀请你来检视一下自己的潜能,并请你思考,如何去除那些阻碍你充分发挥潜能的内外部障碍。

> **小贴士**
>
> ### 什么阻碍了你的潜能发挥
>
> 请你反思下面三个问题,确保在你继续阅读前,已经有了问题的答案。
>
> 问题一:在工作中你发挥了百分之多少的潜能?请按你自己的理解,用百分比写下一个数字。

> 问题二：是什么阻碍了你充分发挥潜能？
>
> 问题三：阻碍你发挥潜能的主要内在障碍是什么？

要想激发他人，先得激发自己。成为教练型团队领导者，既是必经之路，也是自我成长之路。

2. 修炼二：示人以真

教练型团队领导者需要保持真诚一致。做真实的自己，不害怕在他人面前展现真实的自己，把自己从对失败、被拒绝、看上去很蠢等恐惧中解放出来，卸下面具，以真示己，以真示人。一个真诚的领导者能够在帮助团队成员的时候引发对方的真诚，帮助对方更好地面对真相，面对真实的自己。

在一次团队工作坊中，进展到第二天下午的某个互动环节，有人提议所有人席地而坐，围成一圈。有几位伙伴非常踊跃地立即坐在地毯上，大多数伙伴跟随他们也陆续坐下，有的女士在膝盖上搭上一件衣服，有的人找来纸张垫在身下。最后只有一位女士仍坐在椅子上，看起来有些突兀。这位女士解释说，因为自己并不喜欢坐在地上，虽然面临"和其他人保持一致"的压力，但还是想保持真实。既然并不愿意，在不伤害到他人的前提下，就按照自己的意愿来做，希望得到大家的理解。在随后的一对一交谈中，这位女士说她从前就总是为了团体或他人的意愿而委屈自己。从心智模式来说，就是以付出和伪装换取他人的认可。当意识到这给她带来的痛苦，她开始刻意转变内心的练习，在自己能做到的程度上保持真实一致，一点点地让自己放松下来，而这给了她在人际交往上更大的勇气和自信。

在参与帕特里克·兰西奥尼 *Getting Naked* 一书中文版《示人以真：健康组织这样开展业务》的翻译过程中，我们强烈体会到"示人以真"这四个字以一种极易被理解的方式诠释了"真诚一致"的含义。当我们选择认清真相，真实地展现自己，保持内外一致，我们就有能力实现自身的深刻改变，并支持他人实现改变。

3. 修炼三：好奇而不是批评

我们都遇到过团队中的两个极端现象，要么是所有人沉默不语，或说些不痛不痒的话；要么是相互批评和推卸责任。而它们都对团队协作有极大杀伤力。它们使人处于防卫状态，然后就失去"对真相的承诺"，事实会被美化或扭曲，关注点从"我们如何变得更好"，转移到了"我如何证明自己没错，或是如何证明你也有错"上。

每当心中升起评判，比如"他这人对什么都没有责任心"，"他们部门总是那么强势，一切以自己的利益为大"，我们需要用好奇心替代评判。当人们处于没有评判和指责的环境中时，会更愿意从错误中学习，做得更好。

同时，我们也要留意，自己对自己的评判可能胜于对他人评判的十倍。如蒂莫西·高威所说的，"留意自己脑海里的对手"，这是阻止潜能发挥的障碍所在，也是教练的基础。修己修人，在教练中几乎同步发生。

大多数人学习教练之后，对于头脑里的评判念头会越来越怀有敬畏之心。相信如果是你，也同样会发生这样的改变。每当这时候你会对自己说："它（评判）又来了。但它不是真相，只是我编的一个故事。"每一次评判升起，都是一次提升觉察和改变的机会。

下面这个故事是在我们作者团队中真实发生的。

> **案例** **评判的故事**
>
> 我一直非常不喜欢人们在承诺的截止日期无法完成任务,并且不提前知会。如果谁有过几次这样的记录,我会告诉自己这个人是不可靠的,关键时刻会出问题。有段时间我非常重要的合作伙伴接连发生这样的情况,当第三次发生的时候,我明显感到自己怒气上头,"你怎么这样不注重承诺!"这句话堵在喉咙口,如果当时对方正好打电话过来,我估计就脱口而出了。我在屋子里四处转了转,让自己平静下来,我想:"她不注重承诺只是我的判断,不是事实。对这件事我的好奇点在哪里?"最后我发现,真正令我好奇的是这个行为背后,她对于我们共同事业的投入度,于是我通过微信留言给她:"这几次你没法在承诺的时间完成任务,我心里有些不舒服,原因是我自己是很注重承诺的人。但我真正想知道的是你对我们俩事业的投入度,说实话我有点担心,但我想听听你真实的想法。希望我们之间不要存在误会。"我的合作伙伴也很坦诚地分享了她的实际想法。她认为这和她的投入度没有太多关系,而是因为她的个性,她过往十余年都在非常松散的组织里工作,对于规则、截止日期没有强烈的概念。既然我非常重视这个方面,同时我又是她重要的合作伙伴,她往后会注意调整,对不能做到的事不轻易承诺,但答应了的事情会如期完成。我很感动于她对我们的伙伴关系的重视,同时我发现了一个新的视角,即并不是所有的组织都依赖于截止日期才能运作,这位伙伴在过往的十余年里,白手起家与人合伙经营一家广告公司,并且至今经营得还不错。这是好奇心带给我的新发现!

除了以上三种心智模式的修炼，团队领导者的个人教练能力，包括建立亲和、倾听、提问、澄清、反馈等核心技能，以及GROW模型等常用的教练流程，都是需要不断精进的基本功，这也是做好团队教练的基础。如果你致力于成为一名教练型领导者，这些知识、技能和方法工具都需要从点滴开始积累。

小贴士

GROW模型及其团队场景应用

GROW教练模型是约翰·惠特默创建的教练对话场景中提问顺序遵循的四个阶段。

1. goal（目标设定）：你想要什么？如何达成？目标会带给你什么？

团队的长期和短期目标是否清晰？大家是否都在同一层面上理解和认同这些目标？认同的意思是愿意为此付出也对其结果负责？

2. reality（现状分析）：现在在哪儿？已经克服了哪些挑战？学会什么？

团队中的每个人对团队的现状，比如问题、差距、能力、挑战等是否清楚和认同？

3. options（方案选择）：所有的可行性是什么？如何实现？

团队每个人参与共创，是否能列出所有可能的方案？最好是能够跳出现有的模式、方法和途径并大胆地设想实现它的可能。

4. will（行动意愿）：哪些行动一定会实施？什么时候行动？当付诸行动时你有什么感觉？

> 具体行动方案来源于团队的贡献和共识,并了解大家对此行动计划的信心和承诺。

这里,让我们提出一个问题:一个教练型领导者需要全面具备他所教练领域的知识或技能才能开始做教练吗?答案显然是"不"。教练是一门实践学科,磨刀不误砍柴工,技艺精进永无止境。如果领导者不能真正相信团队成员的潜能和他们为自己担责的能力,那么更多的专业知识只会让双方的关系变得更加形式化。视人为人,示人以真,好奇而不是批评,其威力远超任何一种最佳实践。

走近团队教练

大家可以思考一下，在什么情况下，以下公式成立？

1+1+1+1+1+1=6

1+1+1+1+1+1=2

1+1+1+1+1+1=12

如果把这个公式放到团队的情境下，你也许就能理解为什么同样的 6 个 1 相加会得出不同的结果。

团队的表现不仅取决于团队成员的个人才能——公式中的"1"，更取决于成员之间的协作方式以及共享目标、价值观和承担责任的程度——公式中的"＋"号。不同于一对一教练集中专注于激发个体"1"的潜能，团队教练则更加聚焦于这个"＋"号，服务于团队整体，它帮助团队发挥大于其各部分总和的潜能。二者共同的目标，就是使这个团队成为高绩效的理想团队。

近年来，人们在针对个人的教练及领导力培养之外，开始探索运用教练方式来干预整个团队。团队教练手法极为丰富，譬如隐喻故事、引导技术、团队动力、心理咨询、战略地图等，并仍在持续不断的创新发展中。团队教练边界是开放的，但它所指向的目标非常清晰，即支持团队整体突破更高的团队目标。

由于在体育界以外的团队教练发端较晚，且对综合性的经验能力要求较高，所以目前团队教练工作以外部专业教练实施为主流。但相信随着这一干预手法逐渐为大家所熟悉，团队领导者也会逐渐开始承担内部团队教练角色，在外部教练离开以后依然能适时运用团队教练方式管理和提升团队。外部教练在当前阶段承担的角色和责任，则不仅仅是完成客户交托的要求，同时也在培养未来的内部团队教练。

1. 团队教练的5C模型及五大核心关注

系统性团队教练理论的大师彼得·霍金斯教授在其《高绩效团队教练》一书中提出了高绩效团队的 5C 模型（见图 7-3）。这个模型对团队教练的工作着眼点做了很好的界定。

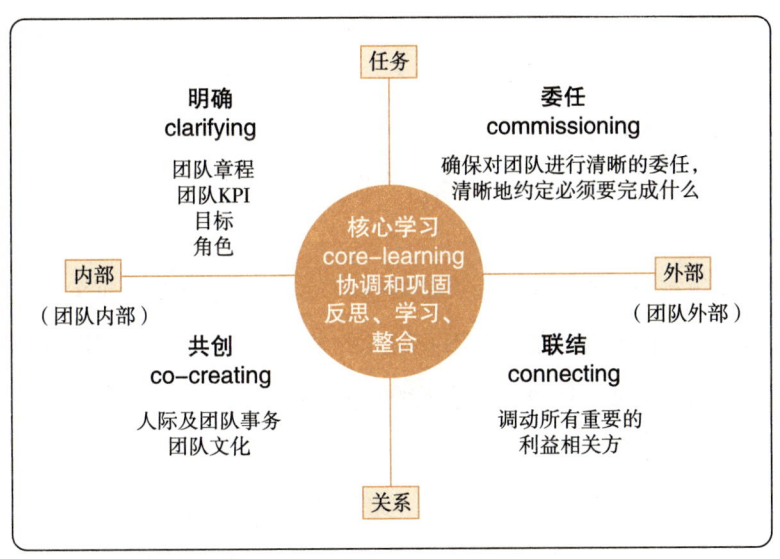

图 7-3　高绩效团队的 5C 模型

霍金斯教授采用内部和外部、任务和关系之间的不同组合,从外部任务和内部任务、内部关系和外部关系四个方面,系统覆盖了团队内部提升以及与外部利益相关方联结的团队场景。考虑到这四个方面之间的动态关联,创造性地提出了"核心学习"这一综合能力模块,即第五个 C。

这里,我们基于 5C 模型分享团队教练如何最大化发挥其价值的五个核心着眼点。

明确共同方向和愿景(clarifying)

当团队聚集在一起,首先需要回答的问题就是:"我们要去哪里?我们要一起创造什么?"这是团队共同努力的方向和整个团队认为很激励人心,也能通过协作来达成的目标。

比如团队愿景,它是整个团队关于未来我们成为什么样子的图景,它能振奋精神,激发热情,带给大家勇气,从而能超越平庸;它能帮助团队建立总目标,带动新的思考;它还像方向舵,当团队工作产生问题和压力时指引大家面对真相,纠正航向。共同愿景能带来相互的认同感,让原本不认识的人走向合作。共启愿景是激发团队潜能的核心。

问题在于,愿景大多数只是某些个人(组织)制造出来强加于团队身上的,因此带来的只是不同程度的表面顺从,激发不了团队的投入和承诺。使命、愿景、价值观变成了张贴在门口,大家每天经过也不会多看一眼的宣传海报。它们对于团队的价值被大大低估了!

建立共同愿景首先必须改变"愿景必须来自高层或领导者"这一观念,它不是公司的一次运动,更不是解决当前问题的方案。它是由团队通过交流分享而共同创造的,并且对愿景的建设是在日常工作中需要持续进行的活动。团队教练会以独特的手法促使整个团队以全身心投入的方式共创愿景，以及让团队愿景和个人愿景建立关联。

共创成果（co-creating）

明确激动人心的愿景和方向，确定清晰的战略、绩效目标，让每个人都愿意投入其中，这是一回事；而把这些都变成现实，却是另一回事。

从梦想进入现实的过程中，团队成员需要找到一种良好的协作方式，同时要注意到那些阻碍团队发挥潜能的障碍，比如"我们的商业模式根本不支撑这类业务""我们的业绩占比太低，所以好的资源不会给我们"这种限制性信念，同时团队领导者需要带领大家建立高效的工作流程和行为规范，有效召开各种会议，提升处理冲突和异议的能力。在这个过程中的核心就是清除那些限制性信念，从而减少绩效干扰。

小贴士

限制性信念

每个人身上或多或少都存在限制性信念。类似于"我出生在一个社会底层家庭，所以不会有太大成就""我很矮，所以会被别人看不上"等。当把这种因果关系固化成信念时，人的发展就会停滞不前。同样，团队作为一个整体也有自己的信念，它通过团队成员日常的言行表露出来，并直接影响绩效成果。如果团队不能很好地推进工作、实现目标，通常领导者采取的措施是加大监督和激励力度、调整人员、加强培训，等等。可是隐藏在意识以下的指挥者——限制性信念从未真正被重视。团队教练非常重要的一项支持就是帮助团队成员"看到"隐藏的干扰信念，并改写信念、改变行为，最终带来绩效的改变。

结盟联结（connecting）

团队内部明确目标及协作共创固然重要，但仅有这些远远不够。团队需要与利益相关方创建真正的对话和联结，从而调动利益相关方积极投入，形成密切的合作共赢关系，创造更大意义上的成功。通常来说，这种联结有三种重要策略。

（1）大使策略。积极向相关方宣传团队所做的事情，提高知名度和美誉度，获得利益相关方的认同和支持。

（2）监测和调查策略。对于团队所关注的相关方的动态，团队需要保持及时知悉，从而知道这些变化可能给团队带来的机会和威胁，并采取应对措施。

（3）合作策略。与组织内外部的其他团队建立并维护良好的合作关系，从而为利益相关方提供更大价值。

团队教练在联结方面关注的是，整个团队如何以整体、个人以及结对的形式与更广泛的利益相关方建立紧密的合作关系。鉴于众多的团队对于利益相关方这一视角的忽视，团队教练首要的作用就是在教练过程中不断提醒团队抬起头，从外向内看，协助他们看到更大的系统性愿景和期望。团队教练在联结方面的干预方式主要有如下这些。

第一，促使团队思考三个方面的区别：信息提供、沟通、建立紧密的合作关系。

第二，让每位团队成员评估自己的风格、影响力和关系管理能力，从其他员工及利益相关方那里获得反馈并进行反思。

第三，跟团队一起准备、设计、排练和相关方建立关系的互动活动。

第四，在团队和相关方互动的活动中做场边教练，随时介入，或是在"中场休息"时给予反馈和教练，以及活动结束后带领大家做回顾。

清晰委任（commissioning）

让团队从其委任者那里获得明确信息，并提升彼此间关系的质量，即团队如何做好向上管理。对于高管团队来说，委任者即是董事会；对于其他团队来说，委任者即是其上级管理层。团队教练需要协助团队和委任者进行对话，明确委任者对团队的具体期望，尤其是清晰的使命（为什么会建立团队？）以及衡量团队成功与否的标准。这个部分需要明确的信息如下：

（1）委任者欣赏这个团队的哪些方面？
（2）委任者希望从这个团队任务中得到什么结果？
（3）委任者认为这个团队如何可以更有效？
（4）委任者认为如何可以改善自己与这个团队的关系？

在此基础上团队教练可以安排角色换位工作坊，通过角色扮演，尝试让团队成员换位成委托者角色，列出委托者对团队的期望清单，然后与了解到的实际信息进行对照，发现问题并展开讨论。这创造了一种跨越层级界限的对话感，能有效唤起团队成员的参与感和好奇心。其间，团队教练还可以鼓励大家从角色中走出来，从人的天性方面去理解和洞察委任者，这样委任者就不是一个冷冰冰的上级角色，而是一个有情感、有个人偏好的活生生的个体。

此外，还有一个团队教练常用的实用方法，就是组织联席会议，或安排团队成员列席委任者的重要会议。这种躬身入境的互动也会大大促进团队与委任者之间的相互理解和信任。

学习成长（core-learning）

团队如果要具备持续应对变化的能力，就需要朝学习型组织的方向去努力。绩效、学习和快乐是不可分割地交织在一起的。虽然短期内我们可以专注于绩效方面并取得一定成功,但在没有学习或没有快乐的地方,绩效会无法持续。在实践中,绩效、学习和快乐的边界变得模糊,三者结合的极致便是理想团队的巅峰体验。

团队教练的使命,不止于支持团队解决当下问题、设定明日方向,还在于督促团队进行随时随地的学习与反思,这才是团队教练最富有价值的时刻。用彼得·霍金斯教授的话说,这是一个用"直升机思维"俯瞰团队的时刻。

需要反思的问题如下:

(1)什么样的行为模式、信念及心态对我们的团队达成目标是有帮助的?

(2)是什么阻碍了我们作为一个团队更顺利地获得成功?

(3)从过去我们学习到了什么?未来我们需要做的改变是什么?

2. 躬身入境,教练进入团队场景

专业的团队教练会基于对团队的深度了解,协助团队领导者对团队进行干预。其中会涉及多个领域灵活手法的即时应用,这是一个较为复杂的过程。不过作为团队的领导者,你完全可以尝试在团队工作过程中运用一些教练手法,让团队得以从一些新的视角审视工作以及成员相处的模式,从而获得对成果更为有益的创举。围绕团队生命周期,团队教练可以在共启愿景、共识目标、洞察天性、知人善任、激活团队角色、团队授权、团队自治、通过寻求共同利益争取相关方、团队集体复盘反思等诸多场景中大显身手,持续帮助团队激发潜能,消除干扰,达成理想的绩效结果。

这里,我们以打造健康的团队成员关系为例,来分享团队教练的价值。

团队成员关系存在于团队成员共事的每时每刻。团队也有属于自己的乔哈里视窗（见图7-4），想要成就理想团队，需要在盲区、隐藏区、封闭区采取行动，扩大公开区的面积。你可以看到的团队活动，包括各种方向确定、目标共识、职责划分、工作计划制订与推进、绩效评估与反馈的活动。表面看来，是这些活动创造了团队最终的成果；而实际上，推动这些行动的，是潜藏其下的团队成员彼此的互动关系以及关系创造出的独特文化氛围。健康的关系/文化氛围能激发团队总体潜能，反之则会带给团队极大的干扰。

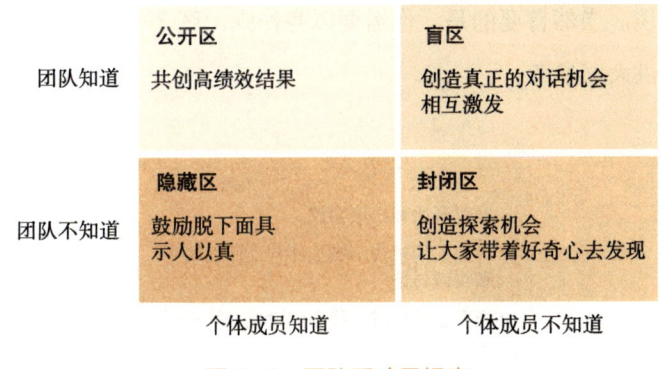

图7-4　团队乔哈里视窗

团队教练在支持团队打造健康关系方面，可以遵循两种路径。

第一，用专门的时间，基于特定目标来提升团队关系，即全力打造。

第二，在各种团队活动场景中，根据团队实际情况随时随地进行干预，即随需应变。

这里向大家介绍一种团队教练的干预活动，即签订团队规则契约。团队契约，也叫团队约定或团队规则。你可以鼓励团队成员思考讨论以下问题：

（1）哪些问题在不断干扰团队的绩效？

（2）什么会提升你自己的参与度和绩效表现？

（3）什么行为会阻碍你？

（4）我们需要设定什么样的规则、约定来促进协作，从而达成我们的目标？

在讨论中，大家可能会发现团队潜藏的限制性信念，并找到破除这些信念的行为准则。请带领大家把这些准则固定下来，并在你的各种团队活动中不断提醒大家要共同遵守、持续更新，不断净化所在的团队环境。当然首要的是，你需要以身作则。图7-5是某团队的契约规则，供大家参考。

- 准时开始和结束会议
- 对他人的想法不横加评判，仔细倾听和真诚讨论
- 当发生冲突时，我们假设他们的意图是正向的
- 我们秉持善意解决问题，不抱怨
- 我们共同创造一个安全的，可以自由表达的环境
- 我们基于共同目标为彼此补位

图7-5　团队契约/规则样例

教练在当下是个热门话题。无论团队教练还是个人教练，始终要秉持的理念都是，教练就是通过激发潜能、减少干扰来实现价值。如

果抛开这个理念，那么再伟大的流程方法也无法引领大家到达想去的地方。好消息是，在团队教练设计的各种方法流程中，本身蕴含着激发团队成员内在热情，帮助他们消除内心干扰的初心和元素。团队领导者如果秉持一颗视人为人、示人以真的好奇心，持续探索如何基于实际情境，因地制宜、因时而变、因人而异，善用团队教练工具方法，相信能给其理想团队进化之旅带来未知的新大陆。

这些要点要牢记

- 你既是一个团队领导者，也是团队的首席教练。
- 教练的价值就在于释放潜能、消除干扰。
- 视人为人、示人以真、好奇而不是批评是教练的终身修炼。
- "纸上得来终觉浅"，团队教练要躬身入境。
- "外来的和尚好念经"。有时候你需要一位能替你挡子弹的外部教练。

理想团队第一课
后记 /POSTSCRIPT

不是个体适应团队，而是团队适应个体

　　20世纪40年代，当喷气式飞机刚刚诞生的时候，美国空军遇到了一个非常棘手的问题：飞行员无法控制他们的飞机。坠机事故频繁发生，甚至一天之内就发生17次之多。在排除了人为因素和机械故障后，调查人员把注意力转移到了驾驶舱的设计上。当时驾驶舱的设计细节，比如座椅大小、风挡高度、操纵杆的距离等，都是依据1926年美国空军参考了几百位男性飞行员身材数据而制定出的平均标准尺寸设计的。调查人员认为飞行员身材在过去的20年里已经发生了变化，他们块头更大了。因此运用老标准设计飞行速度和操控难度远超螺旋桨飞机的喷气式飞机驾驶舱显然是有问题的。他们需要新的飞行员身材标准。为此美国空军的研究人员收集了4063名飞行员的身材数据，计算出用于设计驾驶舱的10个人体部位平均值，用这些数据构成了"标准飞行员"的尺寸。研究人员一致认为绝大多数的飞行员的多数尺寸都应在平均尺寸范围内，毕竟这些人在成为飞行员之前就已经被筛选过了。但是最终的统计数据让研究人员都惊呆了，因为结果是：零！在4063名飞行员中，没有一个人符合所有10个尺寸的平均值。即使比对的数据容差很宽松，数据相差30%以内的人都算符合标准。

那这个难题该如何解决呢？由此引发的是美国空军在设计理念上迈出的重要一步，他们放弃了平均化的参考标准，形成了新的指导原则：个体适用原则。美国空军不再要求个体去适应系统，而逐渐让系统来适应个体。很快，空军就要求所有飞机座舱都必须适合95%的飞行员的体形。当飞机制造商第一次接到这个新命令时，他们提出了反对意见，坚持说这样会导致造价过高，而且需要花上好几年的时间来解决相关的工程问题。然而美国空军拒绝让步。而后出乎意料的是，航空工程师很快就找到了造价低廉又易于制作的解决方法，他们设计了可调节的座椅，这个技术如今也普遍用在了汽车制造上。

这是《平均的终结》一书中讲述的故事。为什么要在本书收尾的时候分享这个故事？我们希望告诉各位读者朋友：这本书不是告诉大家理想团队的标准模式是什么，因为理想团队从来就没有标准模式，而是告诉大家理想团队的进化路径是什么。作为团队领导者，我们更应关注如何打造适应个体的团队，而不是影响和改变个体以适应团队。这一点与很多强调培养领导者个体领导力的"团队"书籍不同。

这不是简单的说法改变。在这个独到的视角下，理想团队进化罗盘中的共识目标和适配成员两个主题必须在回归场景的前提下才能发挥作用。团队领导者面对的实际场景永远是独特和动态的，而理想的团队恰恰是在这样的个性和动态中逐步进化而成的。理想团队进化罗盘中团队生命周期的各个阶段其实是在不断提醒团队领导者，捕获时机（timing）即借机在团队进化中的关键性。

无论你的团队处在何种状态和阶段，翻开本书，阅读那个对你有用的部分。因为"从哪里开始阅读都可以"也是本书作者们希望帮助读者做到的。

在本书的序中，我们为大家分享了创作团队的写作故事。而在本书的尾声,我们想由衷地对这个创作团队更广泛的成员表达深深的敬意。本书从酝酿到成书的近两年时间里,他们中的每一位都曾在某个特定的时段里与作者们并肩前行。

感谢高雅教练!作为本书的智库专家和作者团队的教练,你给我们展示了现实版的理想团队成员谦卑、渴求和聪慧的三项品德。你一直不遗余力地陪伴指导,特别是在写作最低谷的时候,你不怕失身份,甘愿打下手。这让我们更加坚信在组织项目化大趋势的今天,团队领导者请一位临时团队教练来帮助自己是一件最应该做的事情!

感谢邹海龙先生!在平台智能化的今天,本书能够加入与之配套的敏控测评小程序,无疑为读者朋友带来了极大的便利和良好的体验,这是你的功劳!

感谢刘磊老师!作为国内商业沙盘模拟的原创型专家,你为本书贡献的配套沉浸式体验沙盘,让本书具备了无限的延展空间。

感谢王永霞女士!来自腾讯的你为本书贡献的精彩鲜活的案例,一定会让读者朋友受益良多。

感谢李佳女士!你分享的如何借势得机打造 PRINCE2 产品团队的进化历程,给了我们"没有完美的个人,但有完美的团队"的现实版案例。

感谢陈正洪老师!最欣赏你作为试读角色时的犀利和严谨,你自愿担当了本书的"完成者"角色。

感谢赵杨女士!你把本书配套的课程第一时间与广大学员做了很好的桥接。

感谢廖立女士!本书作为一个"书课一体"的创作项目,在申请配套版权课程过程中得到你的大力支持和帮助,这一切为读者从阅读本书到学习课程铺就了道路。还有你丰富的虚拟化工作经验,让我们对团队虚拟化有了更深入的理解和认识。

这里也感谢我们的家人，在我们每一次的写作经历中，没有一次不是以牺牲陪伴家人时间为代价的，而他们恰恰才是我们每个人最重要的团队成员。没有他们的包容和理解，就不会有这本书的面世。特别是四位作者中有三位是自由职业者，也就是越来越多的团队面对的"零工"成员。在人员零工化的今天，没有家人的支持，也就谈不上什么"零工经济"。

在此，我们还要由衷感谢那些在我们的课堂上敢于提"笨"问题或"傻"建议的学员。正是因为你们不怕没面子的对元问题的探询，激发了我们的深入思考。

最后，我们想说的是："我们每个人几乎无时无刻不处在一个团队中！"只要你愿意，你我都是团队进化之路上的行者。借势、得机、创变，是这条进化之路的真实写照。

理想团队第一课
附录 /APPENDIX

理想团队的孵化器——"传奇动物园"团建体验沙盘

关于沙盘演练

团队协作的学习与其他管理方法和工具的培训不同，更受主观意识影响，给人一种"虚或软"的感觉，因此需要一种"实和硬"的方式展现出来，才便于学习者的理解和认同。沙盘演练是一种互动体验式的学习方式，有情节、有道具，给参与者很强的真实感。培训参与者通过扮演不同角色，身临其境地参与和体验教学游戏场景中的各个环节。

沙盘演练将通过若干轮的游戏使参与者经历从实践（doing）—回顾（reflecting）—思考（thinking）—决定（deciding）的完整学习周期。通过这种方式，参与者把理论知识和现场实践紧密关联，体验不同的协作方式并最终驾驭新的知识和技能。

沙盘演练在以下情境中最能够发挥其独特优势：

第一，体验团队协作价值，强化团队协作意识。游戏参与者在学习到新的理论知识和概念的同时，也将亲身体验新的团队协作方式给他们带来的益处，以及其自身行为对团队结果所产生的影响。这种效果远远胜过管理者对团队协作重要性的说教和意识宣贯。

第二，实现理论结合实践行为的完美结合。传统的培训项目往往都过于偏重学习概念和方法工具等理论知识，然而对于团队沟通、掌控冲突这些软技能不太重视。其实基于对理论理解和认同下的实践行为尤为重要。沙盘演练的优势在于把游戏参与者带到一个实验的情景环境中，不断尝试和探索理论知识，并在场景中学习新的团队协作方式所带来的价值。这就是我们常常说的沉浸式学习。

第三，通过沙盘演练，团队能够评估并反思现在的团队协作方式，从而发现提升团队健康度的空间和机会。来自同一个团队的同事一起参与沙盘演练，共同探寻新的团队协作方式，共同努力提升团队的健康程度。参与的团队会总结出他们自己认为有效的协作方式，并坚持将其作为这个团队的后续团队规则或行为准则。

关于"传奇动物园"沙盘

"传奇动物园"沙盘所演绎的核心任务是在百废待兴的阿富汗首都喀布尔市修建一座动物园，其目的是通过动物园这个项目帮助市长提升支持率。

市政府将这个任务交给一个项目团队，沙盘的参与者将扮演团队中的角色，沙盘教练将扮演该项目的发起人——喀布尔市市长。项目完不成、项目延期、预算超支等都会影响市长的支持率，市长资政负责通过这个项目帮助市长提升支持率。项目经理负责领导项目团队完成这个项目。动物园园长负责项目完成后动物园运营阶段的长期价值收益。项目团队的所有决策和所有项目产出都将反映对市长支持率的影响。

在项目团队架构图中，一切职责看似都很清晰，任务看似明确，你以为只等着时间一到，目标就能实现吗？你以为你以为的就是你以为的吗？才不是呢，团队成员之间信任的缺乏、对目标共识的缺乏和对工作方式想法的不一致，都可能会引发一系列团队冲突。需求的变更、项目的时间压力、竞争对手的挑战、各种风险的出现都会让冲突升级，让团队协作障碍重重。

在沙盘中将引导团队成员在面对障碍时，以身作则，帮助团队建立信心，不断追求更高目标，加速项目团队向理想团队的进化。

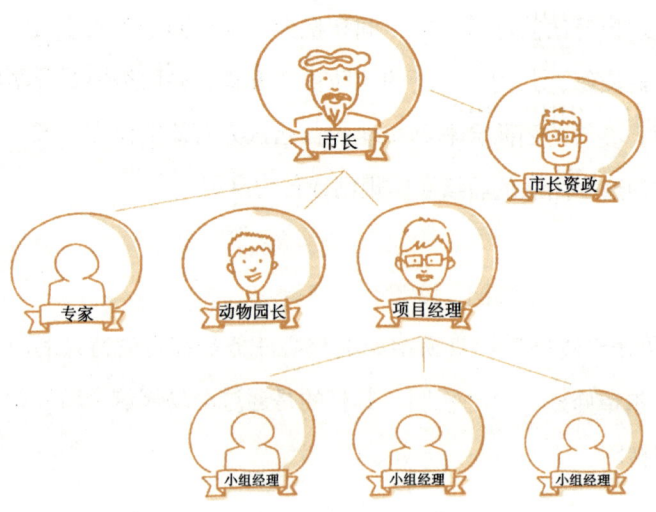

沙盘教练将帮助团队成员在任务场景中理解并体验：表达欣赏与感激、关注共同利益、适度包容、信守约定、避免指责与抱怨、乐观并全情投入。

沙盘中设定的环节将激励每一位团队成员根据自己的特长和天性选择他擅长的工作。团队成员除了职责角色之外又多了团队角色的属性，完整的团队角色是构成理想团队的基础。

为了让参与者通过持续的学习和不断尝试的方式充分体验团队协作的精髓，该沙盘游戏设置了数个阶段。参与者所面临的游戏复杂性和挑战性会逐轮递增。每一阶段游戏结束后，教练都将帮助参与者"回顾"（上一阶段发生了什么？我们做了什么？我们从中学到了什么）、"思考"（我们哪些可以做得更好或者可以采用其他更佳的方式）以及"决策"（我们下一阶段的游戏应该如何去做）。只有这样，参与者才能学会持续不断地提升他们的协作程度和团队健康度，从而在面对更复杂、更多障碍的真实工作环境时仍然能够实现团队目标。

参考文献

1. [美]彼得·德鲁克.卓有成效的管理者(2019年新版)[M].许是祥,译.那国毅,审核.北京:机械工业出版社,2019.

2. [美]帕特里克·兰西奥尼.团队协作的五大障碍(全新修订版)[M].华颖,译.北京:中信出版社,2013.

3. [美]帕特里克·兰西奥尼.优势:组织健康胜于一切[M].高采平,译.柳波,审校.北京:电子工业出版社,2016.

4. [美]帕特里克·兰西奥尼.理想的团队成员:识别和培养团队协作者的三项品德[M].闫秋华,译.北京:电子工业出版社,2016.

5. [美]帕特里克·兰西奥尼.示人以真:健康组织这样开展业务[M].刘向东,刘慧侬,译.北京:电子工业出版社,2019.

6. [美]查理·佩勒林.4D卓越团队:美国宇航局的管理法则[M].李雪柏,译.韩红梅,杨永华,审译.北京:中华工商联合出版社,2014.

7. [美]马里奥·穆萨,玛德琳·波伊尔,德里克·纽贝里.三步打造高绩效团队:沃顿商学院广受欢迎的团队管理课[M].粟志敏,译.北京:中信出版集团,2017.

8. [美]帕特里克·麦克纳,大卫·梅斯特.专业团队的管理:如何管理高学历的知识型员工[M].林屾,译.北京:机械工业出版社,

2018.

9. ［美］丹尼尔·平克.时机管理：完美时机的隐秘模式［M］.张琪，译.杭州：浙江教育出版社，2018.

10. ［美］克里斯蒂娜·沃特克.OKR工作法：谷歌、领英等顶级公司的高绩效秘籍［M］.明道团队，译.北京：中信出版集团，2017.

11. ［美］科里·帕特森，约瑟夫·格雷尼，戴维·马克斯菲尔德，罗恩·麦克米兰，艾尔·史威茨勒.关键冲突：如何化人际关系危机为合作共赢（原书第2版）［M］.毕崇毅，译.北京：机械工业出版社，2017.

12. ［美］科里·帕特森，约瑟夫·格雷尼，罗恩·麦克米兰，艾尔·史威茨勒.关键对话：如何高效能沟通（原书第2版）［M］.毕崇毅，译.北京：机械工业出版社，2018.

13. ［美］托德·罗斯.平均的终结［M］.梁本彬，张秘，译.北京：中信出版集团，2017.

14. ［英］迈克尔·A.韦斯特.卓有成效的团队管理（原书第3版）［M］.蔡地，侯瑞鹏，姚倩，译.北京：机械工业出版社，2018.

15. ［英］迈克·布伦特，菲奥娜·爱尔莎·丹特.团队赋能：大师的18堂团队管理课［M］.徐少保，王琳，译.北京：北京联合出版公司，2019.

16. ［英］R.梅雷迪思·贝尔宾.团队角色：在工作中的应用（原书第2版）［M］.李和庆，蔺红云，译.北京：机械工业出版社，2017.

17. ［英］约翰·惠特默.高绩效教练（原书第5版）［M］.徐中，姜瑞，佛影，译.北京：机械工业出版社，2018.

18. ［英］彼得·霍金斯.高绩效团队教练（第2版）［M］.陈绰，徐颖丽，周晓茹，译.黄学焦，审译.北京：中国人民大学出版社，2018.

19. ［英］彼得·霍金斯.高绩效团队教练（实战篇）[M].韩玉堂，徐崛，罗涛，译.黄学焦，陈丽民，审译.北京：中国人民大学出版社，2019.

20. ［英］彭妮·普兰.虚拟团队领导力：虚拟团队工作的实用策略[M].沈小滨，王二乐，乔锐，译.北京：中国电力出版社，2020.

21. ［荷］尤尔根·阿佩罗.幸福领导力：可以激励任何团队的游戏、工具和实践[M].侯伯薇，译.北京：清华大学出版社，2018.

22. ［澳］肖恩·卡拉汉.不会讲故事，怎么带团队：用故事简化沟通、提升团队效率[M].美同，译.北京：中国友谊出版公司，2017.

23. 王二乐，于超，乔锐，罗国翔.敏控创变：自定义成功项目管理[M].北京：电子工业出版社，2017.